Russisches

Familien- und Erbrecht.

Dargestellt von

Richard Gebhard,

Rechtsanwalt am Gerichtshof zu St. Petersburg.

Berlin 1910.

J. Guttentag, Verlagsbuchhandlung,

G. m. b. H.

Inhaltsverzeichnis.

I. Familienrecht.

II. Erbrecht.

I. Familienrecht.

1. Die Entstehung der russischen bürgerlichen Gesetze.

Das russische bürgerliche Gesetzbuch ist der 1. Teil des X. Bandes der Reichsgesetze. Über diesen Kodex muß ich hier einige Worte sagen. Bis zum Regierungsantritt Peters des Großen waren die russischen Gesetze ganz ungeordnet und entsprachen nach ihrer Fassung und ihrem Inhalt der sehr niedrigen Kulturstufe des moskowitischen Rußlands. Ihre Hauptquelle war das Gesetzbuch des Zaren Alexei Michailowitsch von 1649. Von Peter dem Großen an machte jede Regierung die verschiedensten Versuche, Gesetze zu schaffen, die einem Kulturstaate ungefähr entsprechen, aber erfolglos, denn es fehlte vollkommen an Juristen oder überhaupt an Persönlichkeiten, die einer solchen Arbeit geistig gewachsen waren. Eine solche Persönlichkeit war Graf Speransky, der unter der Regierung Alexanders I. sich anheischig machte, neue Gesetze für Rußland zu schaffen. Er wählte dazu anfangs den einzig möglichen Weg, die Abfassung von Gesetzen nach westeuropäischem, namentlich nach französischem Muster. Der Code Napoléon war damals eben erst herausgegeben. Er war in seiner Knappheit, Klarheit, in der ausgezeichneten Systematik und in der auch für den Ungebildeten ohne weiteres verständlichen schlichten Sprache für seine Zeit ein unerreichbares Muster, und ist es in vielen Hinsichten bis heute geblieben. Als Speransky den sehr vernünftigen Gedanken äußerte, man müsse sich dieses Gesetzbuch zum Muster nehmen, erhob sich bei Hofe, in Beamtenkreisen und auch in Volkskreisen, soweit von Volk damals überhaupt gesprochen werden konnte, ein Sturm patriotischer Entrüstung. Man sträubte sich gegen das Gesetzbuch des Siegers von Borodino und Moskau. Niemand leugnete die großen Vorzüge des französischen Kodex, aber man empfand es als eine nationale Demütigung ihn anzunehmen oder ihm auch nur irgend etwas zu entlehnen. Durch einen Akt echt autokratischer Willkür wurde Speransky nach verschiedenen Gouvernements des inneren Rußlands und schließlich auch nach Sibirien verbannt, und als er nach etwa neun Jahren wieder in Gnaden aufgenommen wurde, durfte von französischem Rechte überhaupt nicht mehr geredet werden. Inzwischen starb Alexander I., und sein Nachfolger Nikolaus I. wollte von französischen Gesetzen noch weniger wissen wie sein Vorgänger. Da aber auch er einsah, daß für die Schaffung eines selbstständigen, neuen, nationalen Rechts in Rußland alle Bedingungen fehlten, so wurden auf seinen Befehl alle vom Jahre 1649 an herausgegebenen Gesetze gesammelt, notdürftig in ein System gebracht, zu diesem Zwecke nur ein wenig verkürzt und verändert, und sodann in 15 Bänden als Reichsgesetze (Сводъ Законовъ) im Jahre 1833 herausgegeben. Der X. Band dieser Sammlung enthält die bürgerlichen Gesetze. Trotzdem eine Benutzung des Code Napoléon streng verboten war, hat Speransky doch heimlich Verschiedenes herübergenommen, und so entstand ein seltsames Gemisch von uralten russischen Gesetzen, die ungefähr auf dem Standpunkt des moskowitischen Rußland stehen, und von einigen abgerissenen, zusammenhanglos angefügten Sätzen aus dem Code Napoléon, zu dem später noch verschiedene neue nach 1833 angefügte Gesetze kamen. Der ganze Kodex ist ungleichmäßig, es fehlt jede Einheit, die Sprache ist sehr schlecht, und in bezug auf allgemeine Begriffe und Definitionen herrscht die größte Verworrenheit.

2. Das Eheleben.

Das geltende bürgerliche Gesetzbuch in Rußland ist somit nach Form und Inhalt als gänzlich mißlungen zu bezeichnen. Der Stellung der Frau im bürgerlichen Rechte sind darin nur sehr wenige Paragraphen gewidmet. Diese sind aber auch darnach. Wir lesen § 106. „Der Mann ist verpflichtet, seine

Frau zu lieben, wie sich selbst, mit ihr in Eintracht zu leben, sie zu achten, zu verteidigen, ihre Mängel zu entschuldigen, ihre Leiden zu lindern. Er muß seiner Frau Nahrung und Unterhalt nach Möglichkeit und seiner Stellung gemäß verschaffen." § 107. „Die Frau muß ihrem Manne, dem Familienoberhaupte, gehorchen, muß ihn lieben, achten und ihm unbegrenzten Gehorsam erweisen, sie muß ihm als Hausfrau auf jede Weise dienlich und gefällig sein." § 108. „Die Frau muß vor allen Dingen ihrem Manne gehorchen, ist aber nebenbei auch zum Gehorsam gegen ihre Eltern verpflichtet." Also dem Manne gehorchen, den Eltern gehorchen, und immer nur gehorchen! Wer das liest, kann mit Goethes Iphigenie ausrufen „Der Frauen Schicksal ist beklagenswert." Der Fehler der erwähnten Gesetze besteht darin, daß in ihnen Sittlichkeit, Moral und Ethik einerseits, und rechtliche Pflichten andererseits miteinander verwechselt werden. In das Gebiet des Rechts gehören nur Beziehungen, die durch Zwang geregelt werden, oder wenigstens Zwang zulassen. Legen wir diesen Maßstab an diese Gesetze an, so sehen wir, daß nur ein einziger Satz dort rechtliche Bedeutung hat, nämlich die Vorschrift, daß der Mann seiner Frau den Lebensunterhalt zu verschaffen hat. Dieses hat rechtliche Bedeutung, weil jeder Mann, der seiner Frau diesen Unterhalt verweigert, dazu gezwungen werden kann, indem die Summe, die nach seiner sozialen Stellung zum Lebensunterhalt der Frau notwendig ist, von ihm eingetrieben wird. Er wird dann genau so behandelt wie jeder Schuldner, der seine Schuld nicht bezahlt. Alles andere aber ist wertloses Gerede, denn es wird darin der ungeschickte Versuch gemacht, die Lehre des Evangeliums „Liebe deinen Nächsten wie dich selbst" in die Form eines Gesetzes zu kleiden, ein unmögliches Unterfangen, da diese Vorschrift ihrer Natur nach rein ethisch ist, und jeglichen gerichtlichen Zwang ausschließt. Darum gehört der Passus über die Liebe, Ergebenheit, Achtung usw. nicht in das Gesetz. Verweigert der Mann ohne genügenden Grund seiner Frau den Lebensunterhalt, so kann diese eine Alimentenklage gegen ihn anstrengen. Diese Klagen gehören nach ihrer

Summe vor das Forum des Bezirksgerichts und können sich wie jeder Prozeß in diesem Gericht sehr lange, oft jahrelang hinziehen. Die Frau muß beweisen, daß die Zerrüttung des ehelichen Lebens, die Trennung des Ehegatten ohne ihre Schuld erfolgt ist. Sie verliert das Recht auf Alimente, sobald der Mann beweist, daß sie an der Trennung des Gatten schuld ist. Als Schuld in diesem Sinne kann alles mögliche gelten, und keineswegs bloß Ehebruch, sondern auch jedes beliebige Laster, etwa Trunksucht, Roheit, schwere Beleidigung und überhaupt jedes Verhalten des Ehegatten, welches nach unseren sittlichen Begriffen die Fortsetzung der ehelichen Gemeinschaft mit ihm unmöglich macht. Alles dieses kann in der Regel nur durch Zeugen bewiesen werden, durch Personen, die das Eheleben der Gatten beobachtet haben und über ihr gegenseitiges Verhalten Auskunft geben können. Findet das Gericht, daß die Frau an der Trennung nicht schuld ist, so spricht es ihr eine monatliche Zahlung zu, die im allgemeinen etwa $^1/_4$ oder $^1/_3$ von dem Verdienst des Mannes ausmacht, aber auch bis zu $^1/_2$ oder sogar noch mehr erhöht werden kann, wenn die Frau Kinder hat und diese erziehen muß. In diesem Falle führt sie den Prozeß gegen ihren Mann nicht nur im eigenen Namen, sondern auch im Namen ihrer Kinder, als Vormund ihrer Kinder. Der Verdienst des Mannes muß auch vor Gericht bewiesen werden, und als Beweis dienen wiederum in den meisten Fällen Zeugen, die den Mann kennen, und über die Höhe seines Verdienstes genaue Angaben machen können. Wird die Ehe vom Konsistorium geschieden, so hört die Unterhaltspflicht des Mannes gegen die Frau vom Moment der Scheidung ganz auf, und von diesem Moment an hat der Mann eine Unterhaltspflicht nur noch gegen seine Kinder, nicht aber gegen die geschiedene Frau, denn mit der Scheidung haben alle rechtlichen Beziehungen der Gatten, also auch die Unterhaltspflicht, für immer ein Ende, es sei denn, daß die Gatten freiwillig irgendwelche Verpflichtungen eingegangen sind, die auch nach der Scheidung Geltung haben.

Dieser Alimentenprozeß ist in der Praxis langwierig, ermüdend und ziemlich trostlos. Die Frau muß alles beweisen, die Schuld des Mannes, ihre eigene Schuldlosigkeit, den Verdienst des Mannes. Zeuge über Zeuge wird verhört. Fällt das Urteil des Gerichts gegen den Mann aus, so appeliert er an den Gerichtshof. Wird dann das Urteil endlich rechtskräftig, so erweist es sich in vielen Fällen, daß es nicht vollzogen werden kann, da der Mann kein greifbares Eigentum besitzt, oder dieses Eigentum böswillig auf den Namen einer anderen Person übergeführt hat. Kurz, die Schwierigkeiten beginnen dann bei der Vollstreckung des Urteils von neuem, und die Geduld der Frau oder ihres Anwalts wird auf eine harte Probe gestellt. Wie langsam und schlecht unsere Bezirksgerichte arbeiten, ist gerade bei solchen Prozessen deutlich zu ersehen. Die Gerichte sind mit Prozessen überladen, und das Personal dieser Gerichte müßte heute mindestens verdoppelt werden.

Von der Unterhaltspflicht des Mannes ist im Gesetze sehr wenig gesagt. Dieses Gesetz kennt überhaupt keine Trennung der Ehegatten und setzt voraus, daß sie immer zusammenleben, und daß die Unterhaltspflicht durch das bloße Zusammenleben geregelt ist. „Die Ehegatten", sagt § 103, „müssen zusammen leben. Streng verboten sind alle Verträge, deren Zweck eine eigenmächtige Trennung der Gatten ist." Wie nun aber, wenn das gemeinschaftliche Leben unmöglich oder unerträglich wird? Das Gesetz gibt keine Antwort, und es ist lediglich die Praxis der Gerichte, die die Unterhaltspflicht des Mannes bei uns eingeführt und deren Umfang bestimmt hat. Indem das Gericht den Mann dazu verurteilt, seiner Frau im Falle einer Trennung den Lebensunterhalt zu gewähren, sanktioniert es diese Trennung und gibt zu, daß sie notwendig und berechtigt ist. Damit geht das Gericht weit über das Gesetz hinaus, und man sieht aus diesem Beispiel, ein wie wichtiger Faktor im Rechtsleben eines Volkes das Gericht ist, und welche falsche Vorstellung von Recht derjenige hat, der nur das Gesetz kennt. Das Gericht unternimmt hier direkt eine Verbesserung des alten, für moderne Verhältnisse gänzlich untauglichen Gesetzes und wirkt im besten Sinne des Wortes rechtsschaffend. Die an und für sich berechtigte Forderung, daß das Gericht nur die bestehenden Gesetze anwendet, und über sie nicht hinausgehen darf, ist in einem Staate mit ganz veralteten Gesetzen nicht erfüllbar, denn die Gesetze bleiben zwar auf einem Fleck stehen, die Richter aber sind Menschen mit moderner Bildung und können mit diesen Gesetzen nichts anfangen.

Wird der Mann zur Zahlung von Alimenten verurteilt, so ist damit die Frage von der Trennung der Ehegatten noch keineswegs entschieden. Denn die Gerichte gehen zwar mit der Zeit mit und emanzipieren sich von veralteten Gesetzen, nicht aber die Administration, nicht die Polizei. Nach unseren Paßgesetzen müssen Mann und Frau, solange sie nicht vom Konsistorium geschieden sind, auf ein und denselben Paß leben. Wie nun, wenn die Gatten sich getrennt haben? Einen besonderen Paß kann die Frau nur mit schriftlicher Einwilligung des Mannes bekommen. Fehlt diese, so wird sie von der Polizei als Paßlose behandelt, und die Polizei weigert sich entschieden, ihr ohne Einwilligung des Mannes einen Paß auszuschreiben, denn es steht geschrieben „Eheleute müssen zusammen leben", und Ausnahmen kennt das Gesetz nicht. In diesem Falle gibt es für die Frau nur einen Ausweg, der allerdings sonderbarer Art ist. Was das Gesetz nicht erlaubt, kann der Kaiser erlauben. Die Frau muß also ein Gesuch auf den Namen Seiner Majestät einreichen in einer besonderen Behörde, die „Kanzlei für Gesuche auf den Allerhöchsten Namen" heißt. Diese Kanzlei gibt dann der örtlichen Polizei den Auftrag, eine Untersuchung einzuleiten zur Entscheidung der Frage, ob die Gatten wirklich gezwungen sind getrennt zu leben. Das Resultat dieser Untersuchung ist dann gewöhnlich die Feststellung der Tatsache, daß allerdings für eine Trennung der Gatten schwerwiegende Gründe vorhanden sind, und die Frau erhält dann auf persönlichen Befehl des Kaisers einen besonderen Paß. Die Genehmigung erfolgt in der Regel etwa 3—4 Monate nach Einreichung des Gesuches. Die Kanzlei ist überfüllt von derartigen Gesuchen, und schwerlich gelangen sie an den Kaiser persönlich, da ihre Anzahl viel zu groß ist. An und für sich ist diese ganze Prozedur etwas sehr Unnormales. Eine derartige beständige persönliche Einmischung des Monarchen in private bürgerliche Rechtsverhältnisse beweist besser wie alle Erklärungen die gänzliche Untauglichkeit der bestehenden Gesetze, und ist außerdem mit den Prinzipien eines konstitutionellen Staates nicht vereinbar, da in einem solchen eine Abweichung vom bestehenden Gesetz nur mit Genehmigung des Parlaments möglich ist. Sind die Gesetze untauglich, so müssen sie eben erneuert werden. Erlasse des Monarchen in jedem einzelnen Falle sind unzulässig.

Wo bleiben nun aber die Kinder in dem Falle, wenn die Eheleute sich trennen? Da das Gesetz ein getrenntes Leben der Eheleute nicht kennt, sagt es auch hierüber kein Wort. Die Praxis entscheidet diese Frage so, daß die Kinder bei dem Gatten bleiben, bei dem sie gerade sind, es sei denn, daß der andere Gatte den Beweis dafür erbringt, daß der Gatte, bei dem die Kinder sind, einen verderblichen Einfluß auf sie hat, und aus sittlichen oder auch anderen wichtigen Gründen, gar nicht imstande ist, den Kindern eine regelrechte, standesgemäße Erziehung zu geben. In diesem Falle kann er die Auslieferung der Kinder verlangen. Das gleiche kann er verlangen, wenn ihm die Kinder ohne gerichtliches Urteil von dem anderen Gatten gestohlen, fortgeführt oder sonstwie entwendet werden. Der der Kinder beraubte Gatte strengt in diesem Falle eine Klage gegen den andern Gatten im Bezirksgericht an und verlangt die Auslieferung der Kinder. Das Gericht spricht ihm dann die Kinder zu, und dieses Urteil des Gerichts kann wie jedes andere durch den Gerichtsvollzieher vollzogen werden. Allerdings ist eine solche Vollziehung nicht immer möglich. Der Gerichtsvollzieher muß in die Wohnung des verurteilten Gatten gehen, ihm das Kind fortnehmen und dem andern Gatten übergeben. Er kann aber ziemlich sicher sein, daß er das Kind dort nicht findet, und der verurteilte Gatte verweigert jede Auskunft über den Verbleib des Kindes. Der Gerichtsvollzieher muß also zu einer Zeit hinkommen, wo das Kind gerade da ist und diesen Zeitpunkt zu wählen ist sehr schwierig. Vollends unmöglich wird die Vollstreckung des Urteils, wenn der verurteilte Gatte mit dem Kinde ins Ausland reist, oder überhaupt von Ort zu Ort herumreist. In Deutschland gibt es ein Gesetz, nach welchem jeder, der sich der Vollstreckung eines gerichtlichen Urteils böswillig entzieht, in Gefängnishaft genommen werden kann. In Rußland fehlt so ein Gesetz, und darum haben Gerichtsurteile, die einem Gatten seine Kinder zusprechen, gewöhnlich nur theoretischen Wert. Die Bedeutung dieser Urteile besteht daher bei uns nicht darin, daß die Kinder dem Gatten tatsächlich ausgeliefert werden, sondern darin, daß das vom Bezirksgericht gefällte Urteil über die Ursachen des ehelichen Zerwürfnisses und über die sittlichen Eigenschaften beider oder eines der Gatten später beim Alimentenprozeß oder beim Scheidungsprozeß von einer gewissen Bedeutung sein kann.

3. Die Verlobung.

Sind die meisten Bestimmungen über das Eheleben in Rußland durch die Praxis, nicht durch die Gesetze geschaffen worden, so läßt sich das in noch größerem Maße von den Bestimmungen über die Verlobung und über das zwischen Verlobten bestehende Rechtsverhältnis sagen. Ich meine damit nicht die kirchliche Prozedur der Verlobung und des Aufgebots, die ja bekannt genug ist, sondern die bürgerlichen Rechte und Pflichten zwischen Verlobten. Die hierauf bezüglichen Gesetze sind in verschiedenen Staaten verschieden. In England ist die Verlobung eine unbedingte Verpflichtung zur Ehe. Der Bräutigam, der diese Verpflichtung bricht, ganz egal aus welchen Gründen, ist verpflichtet, der Braut Schadensersatz zu gewähren. Dieser Schadensersatz kann je nach der sozialen Stellung des Bräutigams eine hohe Summe, manchmal ein ganzes Vermögen sein, denn ersetzt wird nicht nur der nachweisbare materielle Schaden, sondern auch das durch den Bruch der Verlobung der Braut angetane Ungemach, der Kummer, der Ärger und die gesellschaftliche und soziale Schädigung. Solche Klagen führen in den englischen Gerichten sehr viele verlassene Bräute. Man nennt diese Prozesse dort breach of promise. Die praktischen Engländer finden so etwas ganz natürlich, und es fällt niemandem ein, der Braut, die von ihren Rechten diesen Gebrauch macht, Mangel an Feinfühligkeit vorzuwerfen, wie das bei uns vielleicht der Fall wäre. In Deutschland ist die Verlobung nach dem Bürgerlichen Gesetzbuch nicht unbedingt bindend. „Aus einem Verlöbnis kann nicht auf Eingehung der Ehe geklagt werden,“ sagt § 1297 und weiter: „Das Versprechen einer Strafe für den Fall, daß die Ehe unterbleibt, ist nichtig.“ Der Bräutigam kann zurücktreten, wenn „ein wichtiger Grund“ vorliegt. Ob dieser vorliegt, muß in jedem einzelnen Streitfalle das Gericht entscheiden, denn das Gesetz enthält hierüber gar keine Bestimmungen, was als ein Mangel des Gesetzes zu bezeichnen ist. Tritt der Bräutigam ohne wichtigen Grund zurück, so hat er der Braut und ihren Eltern den ganzen Schaden zu ersetzen, der daraus entsteht, daß sie in Erwartung der Ehe Aufwendungen gemacht oder Verbindlichkeiten eingegangen sind, also z. B. eine Ausstattung für die Braut angeschafft oder Schulden gemacht haben. Hat die Braut in Erwartung der Ehe ihren Erwerb aufgegeben, so kann sie eine angemessene Entschädigung verlangen. Eine Entschädigung für nicht materiellen Schaden nach englischem Muster kann nur dann stattfinden, wenn eine unbescholtene Braut geschlechtlichen Verkehr mit ihrem Bräutigam gehabt hat. In diesem Falle kann sie eine „billige Entschädigung“ verlangen, deren Höhe je nach der sozialen und gesellschaftlichen Stellung des Verlobten vom Gericht in jedem einzelnen Falle bestimmt werden muß. In jedem Falle können Verlobte Geschenke, die sie sich gegenseitig gemacht haben, zurückverlangen. Dies darf jedoch nicht so weit gehen, daß man, wie es manchmal versucht worden ist, das Geld für Blumenbuketts und dgl. zurückverlangt, denn solche Spenden sind nicht als Geschenke anzusehen, sondern gehören zur Lebensführung, und außerdem beweist ein solcher Anspruch auf Schadensersatz nach unserem Gefühle einen starken Mangel an Takt und Feinfühligkeit. Das russische Gesetz sagt über die Vermögensansprüche der Verlobten gar nichts. Wir werden daher in dieser Frage im allgemeinen den Standpunkt des deutschen Rechts annehmen müssen, denn wir sind heute zum Glück schon so weit, daß wir da, wo unsere Gesetze versagen, westeuropäische Gesetzbücher konsultieren. Die Angst vor den Gesetzen Westeuropas besteht zwar noch heute bei uns in Regierungskreisen, ist aber von unseren Gerichten schon überwunden. Der englische Standpunkt ist wegen seiner Eigenartigkeit und Strenge ohne besondere Gesetze bei uns unannehmbar. Hat die Braut in Erwartung der Ehe ihren Erwerb aufgegeben, so wird sie eine Entschädigung in Rußland wohl nur dann verlangen können, wenn dieses auf ausdrücklichen Wunsch ihres Bräutigams geschehen ist. Eine Entschädigung für nicht materiellen Schaden, für Kummer und seelische Leiden, sogenannte Schmerzensgelder, gibt es aber nach russischem Gesetz nicht. Als Schaden gilt hier nur materieller Schaden, bei dem jeder Rubel im Gericht genau bewiesen werden muß. Auf diese Art lassen sich wohl die Kosten einer Ausstattung oder verschiedene rechtliche Verbindlichkeiten, die in Erwartung der Ehe eingegangen sind, beweisen, nicht aber moralischer oder seelischer Schaden. Das russische Strafgesetzbuch enthält die Bestimmung, daß derjenige, der eine Unverehelichte durch das Versprechen, sie zu heiraten, verführt, und sein Versprechen nicht hält, mit Zuchthaus von $1\frac{1}{2}$ bis 2 Jahren bestraft wird. Ein bestimmter Anspruch auf Schadensersatz läßt sich aber dabei nicht geltend machen. Prozesse zwischen Verlobten sind in Rußland sehr selten. Gewöhnlich ergeben sich die verlassenen Bräute in ihr Schicksal. Eine bestimmte gerichtliche Praxis in dieser Frage existiert nicht. Das lutherische Kirchengesetz enthält zwar die Bestimmung, daß eine Braut, die von ihrem Bräutigam ohne Grund verlassen wird, in dem weltlichen Gericht „nicht nur Schadensersatz, sondern auch Genugtuung für die gekränkte Ehre" fordern kann. Dies ist jedoch eine bloße Phrase, denn die „weltlichen Gerichte", unter denen zunächst die Friedensrichter und die Bezirksgerichte zu verstehen sind, sind ausschließlich auf das bürgerliche Gesetzbuch angewiesen, in dem derartige Bestimmungen gänzlich fehlen, man müßte denn das Vergehen des Bräutigams als eine gewöhnliche Beleidigung ansehen; in diesem

Falle hätte die Braut aber höchstens 50 Rubel Schadensersatz zu erhalten, eine Summe, die in diesem Falle wohl lächerlich gering erscheint.

4. Die Eheschließung.

Was nun die Eheschließung selbst anbetrifft, so muß ich zunächst auf die allbekannte Tatsache hinweisen, daß es in Rußland eine Trennung von Kirche und Staat nicht gibt. In Rußland ist die Ehe immer eine kirchliche Handlung, bei Katholiken und Griechisch-Orthodoxen sogar ein Sakrament. Hieraus erklärt sich die Rückständigkeit und Fehlerhaftigkeit aller auf die Eheschließung bezüglichen Gesetze, die sich unter modernen Kulturverhältnissen sehr sonderbar ausnehmen. Zunächst ist die Ehe mit einem Heiden gänzlich verboten. Als Heide im Sinne dieses Gesetzes ist jeder Mensch zu betrachten, der nicht Christ, nicht Jude und nicht Mohammedaner ist. Diese Definition muß deshalb angenommen werden, weil die Ehe mit Juden und Mohammedanern den Katholiken und Griechisch-Orthodoxen zwar verboten ist, Lutheranern aber unter der Bedingung gestattet wird, daß der lutherische Teil die besondere Erlaubnis des Konsistoriums in jedem einzelnen Fall einhole, der jüdische und mohammedanische dagegen vor dem Konsistorium sich schriftlich verpflichtet, die Kinder, die in dieser Ehe geboren werden könnten, im christlichen Glauben zu taufen und zu erziehen. Den Kenner verschiedener Religionen muß es seltsam berühren, wenn der Buddhismus, der mit dem Christentum wesensverwandt ist, als Heidentum betrachtet und eine Ehe mit einem Buddhisten verboten wird, dagegen die Ehe mit Juden und Mohammedanern, deren Religion in ihrem Wesen dem Christentum ganz entgegengesetzt ist, gestattet wird. Aber diese Bestimmungen stammen noch aus einer Zeit, da man sich den Heiden vorstellte als einen wilden, ganz kulturlosen Menschen, der dem Kannibalismus frönt und vor Götzenbildern betet. Daß ein Heide auch ein Kulturmensch sein kann, das kam den Schöpfern dieses Gesetzes gar nicht in den Sinn. Die Frage ist in Wirklichkeit sehr ernst. Schon die Möglichkeit einer Ehe mit einem Chinesen, einem Japaner und anderen Vertretern außereuropäischer Völker bietet sich heutzutage gar nicht selten. Aber auch in Westeuropa gibt es heute viele Personen, die religionslos sind, weil dort die Zugehörigkeit zu einer Religion bei der herrschenden und konsequent durchgeführten Religionsfreiheit von niemandem verlangt wird. Solche Religionslose sind vom Standpunkte unserer Gesetze als Heiden zu betrachten, da sie ja weder Christen, noch Juden, noch Mohammedaner sind, und wir stehen dann vor der merkwürdigen Erscheinung, daß ein hochgebildeter Engländer oder Franzose keine Ehe in Rußland schließen kann, da er ja ein „Heide" ist. Will er die Ehe trotzdem eingehen, so muß er zum Schein eine der drei obenerwähnten Religionen annehmen, und erst dann kann er getraut werden. Gewöhnlich nimmt er in diesem Falle die reformierte Religion an, weil sie die bequemste ist und am wenigsten Pflichten auferlegt.

Solche merkwürdige Zustände sind in den Kulturstaaten Westeuropas unmöglich. Hier wird die Ehe von dem Standesbeamten im Standesamt vollzogen, einer staatlichen Institution, die mit der Kirche nichts zu tun hat. Es gibt natürlich auch hier gewisse Beschränkungen für die Eheschließung, z. B. in bezug auf Alter und Verwandtschaftsgrade. Aber diese haben nichts mit Religionen zu tun und sind für alle ohne Ausnahme die gleichen. Vom Standpunkt des Gesetzes gibt es hier keine Religionen, und vor allen Dingen keine privilegierten Religionen. Die Verlobten erklären vor dem Standesbeamten, daß sie eine Ehe miteinander eingehen wollen, dieser trägt die Eheschließung in das Heiratsregister ein, und die Ehe ist damit abgeschlossen. Ob sich die Eheleute später noch kirchlich trauen lassen, ist ihre persönliche Sache. Notwendig ist eine kirchliche Einsegnung jedenfalls nicht. Eine kirchliche Trauung ohne Eheschließung im Standesamt ist ohne jede Bedeutung und kann nie eine Ehe schaffen. Wie nun, wenn ein russischer Staatsangehöriger in Westeuropa eine Ehe schließt? Im Völkerrecht gilt heute das Prinzip, daß jede Rechtshandlung nach den Gesetzen des Staates beurteilt wird, in dem sie vollzogen ist. Dieses Prinzip wird auch in Rußland anerkannt, aber in bezug auf Eheschließungen macht die Praxis unkonsequenterweise eine Ausnahme und erklärt jede Ehe für nichtig, die ein russischer Staatsangehöriger im Ausland ohne kirchliche Einsegnung schließt. Darum muß er darauf achten, daß eine Ehe, die er im Auslande abschließt, zugleich auch von dem Geistlichen der betreffenden Konfession eingesegnet wird. Geschieht dieses nicht, so wird seine Ehe zwar in der ganzen Welt anerkannt, überschreitet er aber die russische Grenze, so lebt er von diesem Moment an nicht in der Ehe, sondern im Konkubinat, und seine Kinder sind unehelich; wieder eine merkwürdige Erscheinung.

Da es nun in Rußland kein Standesamt gibt und jede Ehe eine kirchliche Handlung ist, folgt hieraus, daß das Eherecht für jede einzelne Konfession ein ganz verschiedenes ist. Ehen, die einer Konfession bei Strafe verboten sind, sind einer anderen erlaubt und umgekehrt. Gehören die Verlobten ein und derselben Konfession an, so sind die Gesetze klar. Schwierig wird der Fall, wenn sie verschiedener Konfession sind, da eine gesetzlich gültige Trauung nur nach einer Konfession vollzogen werden kann. Ein allgemeines Gesetz über Mischehen fehlt. Ist von den Verlobten keiner griechisch-orthodox, so wird es gewöhnlich ihrer Wahl überlassen, in welcher der beiden Konfessionen sie sich trauen lassen wollen; der Staat mischt sich hier gewöhnlich nicht ein und gibt den verschiedenen Konfessionen das Recht freier Konkurrenz. Ist einer der Verlobten aber griechisch-orthodox, so muß die Trauung unbedingt nach dem Ritus dieser Kirche vollzogen werden, wenn nicht der orthodoxe Verlobte es vorzieht, vor der Trauung eine andere christliche Konfession anzunehmen. Die Mischehen geben in der Praxis Anlaß zu den verschiedensten Schwierigkeiten und Komplikationen, die nur schwer und oft gar nicht zu lösen sind. Diese Schwierigkeiten machen sich jedoch weniger bei Eheschließung als bei der Ehescheidung geltend, auf die wir jetzt zu sprechen kommen.

5. Die Ehescheidung.

Wie die Bestimmungen über Eheschließung, so sind auch die über Ehescheidung bei den einzelnen Konfessionen ganz verschieden. Bei Katholiken gibt es nach dem Gesetze überhaupt keine Ehescheidung. In Wirklichkeit kann eine katholische Ehe nur auf persönlichen Befehl des römischen Papstes geschieden werden, der dank seiner priesterlichen Schlüsselgewalt eine Ehe auflösen kann. Dieses geschieht jedoch nur in sehr seltenen Fällen, und ist auch nur möglich, wenn einer der Gatten eine sehr einflußreiche Persönlichkeit ist, und sich am Vatikan hoher Protektion erfreut. Wird eine Ehe so gelöst, so gibt das Anlaß zu den verschiedensten Streitigkeiten. Das Schicksal der Kinder, die Rechte des Gatten, gegen dessen Willen die Ehe gelöst war, alles ist ganz unklar. In Wirklichkeit schlagen auch nur sehr wenige Katholiken diesen mühevollen Weg ein. Die meisten ziehen es vor, zur reformierten oder lutherischen Religion überzugehen, und sich dann nach den Gesetzen dieser Konfessionen scheiden zu lassen. Sind sie geschieden, so gehen sie gewöhnlich wieder zum Katholizismus zurück. Die Trennung von Tisch und Bett, die die katholische Kirche kennt, ist praktisch wertlos, da sie kein Recht zu einer neuen Ehe gibt. Eine nach griechisch-orthodoxem Ritus geschlossene Ehe kann nur in vier Fällen geschieden werden. Diese sind: Ehebruch, Verlust aller Rechte, die Impotenz und der Fall, wenn ein Ehegatte verschollen ist und nicht aufgefunden werden kann. Von diesen Fällen sind die drei letztgenannten sehr selten. Bleibt ein Gatte im Verlaufe von nicht weniger als fünf Jahren verschollen, so daß sein Wohnort ganz unbekannt ist, so kann der andere die Scheidung verlangen. Ist ein Gatte zum ehelichen Verkehr physisch unfähig, so kann der andere Scheidung beantragen, aber erst drei Jahre nach der Eheschließung, und auch nur dann, wenn das physische Unvermögen schon vor der Ehe vorhanden war. Hat es sich erst nach der Eheschließung eingestellt, so ist das kein Scheidungsgrund; in diesem Fall muß der physische Fehler angesehen werden wie jede beliebige Krankheit, die ja auch kein Scheidungsgrund ist. Ein Beweis kann in diesem Falle nur die ärztliche Untersuchung des betreffenden Gatten sein. Begeht ein Gatte ein Verbrechen, das den Verlust aller bürgerlichen Rechte nach sich zieht, also z. B. einen Mord oder Mordversuch, so kann der andere Scheidung beantragen. Alle diese Fälle sind recht selten, und daher bleibt in den meisten Fällen überhaupt nur ein Scheidungsgrund, der Ehebruch eines der Gatten. Kein anderer Grund, und sei er auch noch so ernst, weder die böswillige Verlassung des Gatten, noch auch schwere Beleidigungen und Mißhandlungen, noch auch Krankheit, ja nicht einmal Wahnsinn werden vom Gesetz als Scheidungsgrund anerkannt. Der Ehebruch muß durch Zeugen bewiesen werden, und zwar verlangten die russischen Konsistorien bis noch vor kurzer Zeit immer unbedingt Augenzeugen des Ehebruchs. Da es aber solche nicht gibt, denn kein normaler Mensch begeht einen Ehebruch vor den Augen eines dritten, so wurde ein Ehebruch ausgedacht; man mietete sich Zeugen, die für Geld vor dem Konsistorium die Tatsache eines Ehebruches bescheinigten, der sich vor ihren Augen abgespielt hätte. Bald bildete sich eine ganze Klasse von Menschen, die die Zeugenschaft im Ehescheidungsverfahren zu ihrem Beruf machten. Sie teilten sich nachher in „Zeugen für den Ehebruch" und „Zeugen gegen den Ehebruch", denn auch nach solchen war oft Bedarf, wenn ein Gatte die Scheidung nicht haben wollte und dagegen stritt. Diese widerwärtigen Erscheinungen, die schließlich auch in der öffentlichen Meinung die größte Empörung erregten, veranlaßten dann den Synod, seine Bestimmungen abzuändern und als Beweis auch solche Zeugen zuzulassen, die nicht den Ehebruch selbst feststellen, sondern nur solche Tatsachen, aus denen logisch mit Sicherheit auf die Tatsache des Ehebruchs zu schließen ist. Der bezahlte Zeuge ist daher jetzt seltener als früher, aber doch in russischen Konsistorien auch heute noch ein häufiger Gast, und er wird es bleiben, so lange der Ehebruch fast der einzige Scheidungsgrund ist. Denn wo gar kein Ehebruch da ist, oder wo der wirkliche Ehebruch aus verschiedenen Gründen nicht an die Öffentlichkeit kommen darf, die Ehe aber trotzdem geschieden werden soll, da nimmt man auch heute seine Zuflucht zu dem bezahlten Zeugen, oder zu einem anderen Mittel, das vielleicht noch widerlicher ist, zu der Inszenierung eines Ehebruchs in Gegenwart hierzu bestellter Zeugen.

Alle diese empörenden Erscheinungen werden erst schwinden, wenn das orthodoxe Ehescheidungsrecht von Grund aus reformiert wird, und wenn neben dem Ehebruch noch andere vernünftige Scheidungsgründe zugelassen werden. Eine Reform in diesem Sinne ist schon längst im Gange, aber in den Kreisen der Geistlichkeit zeigt sich zurzeit noch großes Schwanken, und ein Urteil über diese Reformbewegungen läßt sich daher jetzt nicht fällen.

Viel besser bestellt ist es um das Ehescheidungsrecht bei Lutheranern. Diese sind mit Scheidungsgründen besonders reichlich bedacht, und das lutherische Kirchengesetz, zu dem auch die Gesetze über Eheschließung und Ehescheidung gehören, ist bei uns das bei weitem vollkommenste. Zwar ist es auch immer noch reichlich veraltet, aber es ist nach einem bestimmten System sehr ausführlich und klar dargestellt. Es stammt aus der Zeit des Polizeistaates, wo alle Handlungen eines Bürgers, sein ganzes Leben, sogar sein geschlechtlicher Verkehr, von Regierung, Geistlichkeit und Polizei auf das genaueste kontrolliert wurden, und die Art und Weise, wie hier intimste Fragen des Ehelebens zur Sprache kommen, entlockt dem modernen Menschen oft ein Lächeln. Man hört die Sprache eines alten Juristen aus der Zopfzeit, aber immerhin die eines Juristen, während man vom orthodoxen Ehescheidungsrecht sagen muß, daß kein Jurist, auch der verzopfteste, solche mangelhaften Gesetze verfassen kann. Ein Grund zur Ehescheidung ist auch hier der Ehebruch. Doch sind die Bestimmungen darüber hier viel ausführlicher und deutlicher. Zunächst hören wir, daß der Mann das Recht hat, die Scheidung zu fordern, wenn er erfährt, daß seine Frau vor ihrer Ehe mit irgendeinem anderen unerlaubten Umgang gehabt hat. Hat er aber bereits Kinder, so verliert er dieses Recht. Das gleiche Recht mit derselben Beschränkung hat die Frau, wenn sie beweist, daß ihr Mann vor der Ehe, aber nach der Verlobung, mit einer anderen Frau unerlaubten Umgang gehabt hat. Sodann ist der Ehebruch ein Scheidungsgrund, wenn er während der Ehe begangen wird, aber doch nur dann, wenn er bloß von einem Gatten begangen wird. Erweist es sich im Laufe des Scheidungsprozesses, daß der klagende Gatte selbst des Ehebruchs schuldig ist, so wird sein Scheidungsgesuch abgewiesen, es sei denn, daß der Beklagte lange, mindestens ein Jahr, von diesem Ehebruch gewußt und keine Klage geführt hat. Der Ehebruch muß jedesmal bewiesen werden. Das Geständnis des Gatten ist ungenügend. Außer dem Geständnis sind immer noch andere überzeugende Beweise erforderlich, also etwa Zeugen, Briefe des schuldigen Gatten, oder auch sein Geständnis, aber nur dann, wenn es nicht vor dem Konsistorium im Ehescheidungsprozeß abgelegt ist, sondern vor dem Prozeß zu einer Zeit, da von der Ehescheidung noch nicht die Rede war, so daß nicht etwa der Verdacht entstehen kann, das Geständnis sei extra zu dem Zwecke abgelegt, die Ehescheidung zu ermöglichen oder zu erleichtern, denn eine Scheidung auf Wunsch beider Gatten mit ihrem gemeinsamen Einverständnis, eine sogenannte Kollusion, läßt das Gesetz nicht zu, und wenn der Verdacht entsteht oder bewiesen wird, daß der Scheidungsgrund nicht wirklich vorhanden ist, sondern von dem Gatten ausgedacht und fingiert ist zu dem Zweck, die Scheidung zu erwirken, so muß das Konsistorium den Kläger abweisen. Einen Ehebruch genau zu beweisen, ist im allgemeinen sehr schwer, und darum enthält das lutherische Kirchengesetz die sehr vernünftige Bestimmung, daß die Ehe auch dann geschieden werden kann, wenn zwar nicht die Tatsache des Ehebruchs selbst, aber der dringende Verdacht des Ehebruchs bewiesen wird. Wenn sich daher einer der Gatten in eine Lage begibt, bei der der Verdacht des Ehebruchs ein dringender wird, so genügt dieses, um die Ehe zu scheiden. Handelt es sich aber nicht um Ehebruch, sondern um geschlechtlichen Verkehr eines Gatten vor der Ehe, so sind deutliche, keinem Zweifel unterliegende Beweise nötig. In diesem Falle ist der Verdacht, so dringend er auch sei, ganz ungenügend. Nimmt ein Gatte auf irgendeine Weise davon Kenntnis, daß der andere sich des Ehebruchs schuldig gemacht, oder vor der Ehe unter den oben angegebenen Bedingungen verbotenen geschlechtlichen Verkehr gehabt hat, so muß er die eheliche Gemeinschaft mit diesem Gatten von dem Moment an, wo er dieses erfährt, sofort aufgeben. Tut er dieses nicht, setzt er die eheliche Gemeinschaft trotz des Ehebruchs fort, so verliert er für immer das Recht, auf Scheidung zu klagen, auch wenn er den Ehebruch noch so deutlich beweist. Das gleiche geschieht, wenn der gekränkte Gatte nach dem Ehebruch dem andern verzeiht. Was unter „Verzeihung“ zu verstehen ist, sagt das Gesetz nicht. Man muß annehmen, daß unter Verzeihung eine jede Äußerung zu verstehen ist, sei sie schriftlich oder mündlich, durch welche der gekränkte Gatte dem anderen zu verstehen gibt, daß er ihm des Ehebruchs wegen nicht mehr böse ist, oder daß er diesen Ehebruch vergessen hat oder vergessen will. Besondere Feierlichkeit ist für die Verzeihung nicht notwendig. Auch braucht dabei das Wort „Verzeihung“ gar nicht ausgesprochen zu werden. Wichtig ist hier der seelische Vorgang des Verzeihenden, die Äußerung, daß er die ihm zugefügte Kränkung nicht mehr als verletzend empfinde, nicht mehr nachtrage. Die Worte, die er dabei gebraucht, sind unwesentlich. Die Verzeihung ist unwiderruflich auch dann, wenn der Verzeihende sich der Rechtsfolgen seiner Handlung gar nicht bewußt ist und erst später mit einigem Erstaunen erfährt, daß er das Recht auf Ehescheidung verloren hat. Ist ein Ehebruch vor dem Konsistorium bewiesen und die Ehe deshalb geschieden, so kann der für schuldig Erklärte mit derjenigen Person, mit der er die Ehe gebrochen hat, keine Ehe schließen.

Die Führung eines Ehescheidungsprozesses, der auf Ehebruch gestellt ist, ist sowohl für beide Teile wie auch für die Anwälte peinlich und unangenehm. Daher vermeidet jeder nach Möglichkeit einen solchen Ehebruchsprozeß und beantragt Scheidung aus einem anderen Grunde. Ist das Eheleben zerrüttet, so daß eine Scheidung notwendig erscheint, so leben die Gatten fast immer getrennt. Dieses dient dann zum Scheidungsgrunde. Ein Gatte darf den anderen nur dann verlassen, wenn einer von den Gründen vorliegt, die nach dem Gesetz als Scheidungsgründe gelten. Liegt ein solcher Grund nicht vor und verläßt trotzdem ein Gatte den anderen und weigert sich, zu ihm zurückzukehren, so ist eine solche „böswillige Verlassung“, wie das Gesetz sie nennt, ein Scheidungsgrund. Verläßt die Frau den Mann, so hat dieser sich zunächst an die Polizei zu wenden und die Rückkehr der Frau zu verlangen. Die Polizei begibt sich zu der Frau und fordert sie auf, zu ihrem Manne zurückzukehren. Weigert sich die Frau, so stellt die Polizei das durch Protokoll fest, und der Mann kann auf Scheidung klagen. Verläßt der Mann die Frau und weigert sich, sie bei sich aufzunehmen, so kann sie auf Scheidung klagen. Kehrt die Frau, nachdem sie ihren Mann eigenmächtig ohne seine Einwilligung verlassen, wieder zu ihm zurück, so muß sie deutliche Beweise dafür erbringen, daß sie in Abwesenheit ihres Mannes einen sittlich einwandfreien Lebenswandel geführt hat, sonst kann der Mann auf Scheidung klagen. Ist ein Gatte verschollen und sein Wohnort gänzlich unbekannt, so kann der andere nach Verlauf eines Jahres nach diesem Verschwinden Scheidung verlangen. In diesem Falle wendet sich das Konsistorium an alle Gouvernementsbehörden des Reiches, erläßt außerdem Anzeigen in den Gouvernementszeitungen, und wenn ein Jahr nach der letzten Anzeige der Wohnort des verschollenen Gatten noch immer unbekannt bleibt und er selbst sich nicht meldet, so wird die Ehe geschieden. Meldet er sich, so muß er den Beweis führen, daß er einen gesetzlichen Grund hatte, den anderen zu verlassen. Erbringt er diesen Beweis nicht, so wird die Ehe geschieden. Die allermeisten Prozesse in unseren lutherischen Konsistorien werden auf diesen Scheidungsgrund hin geführt. Der Kläger erklärt in seiner Klage, daß er vom Beklagten böswillig verlassen sei. Gibt der Beklagte dieses zu und erklärt er, daß er unter keiner Bedingung zu dem Kläger zurückkehren wolle, so ist dies ein genügender Beweis, und die Ehe wird geschieden. Dieser Scheidungsgrund wird vor allen anderen bevorzugt, weil er seiner Natur nach nicht peinlich und ehrenrührig ist wie die anderen. Immerhin handelt es sich aber in diesen Fällen um eine sogenannte „böswillige Verlassung" des Gatten, d. h. es wird vorausgesetzt, daß der eine Gatte den anderen eigenmächtig, ohne gesetzlichen Grund und ohne Einwilligung des anderen verläßt mit der Absicht, nicht mehr zu ihm zurückzukehren. Etwas anderes ist es aber, wenn ein Gatte durch besondere, von seinem Willen und Wunsche ganz unabhängige Umstände im Verlaufe von mehr als fünf Jahren verhindert wird, zu dem anderen zurückzukehren, also etwa, wenn er im Kriege ist, gefangen genommen wird usw. In diesem Falle können beide Gatten um Scheidung ersuchen, und das Konsistorium bewilligt die Scheidung, wenn es sich überzeugt, daß auf baldige Rückkehr des Gatten keine Hoffnung ist, oder daß er überhaupt nicht mehr auffindbar ist. In diesem Falle ist die Verlassung keine böswillige, was sich in den praktischen Folgen der Scheidung äußert, auf die ich noch zu sprechen komme.

Als Scheidungsgrund gilt ferner „die Abneigung oder die Unfähigkeit zu ehelicher Gemeinschaft". Unter Abneigung ist der Fall zu verstehen, wenn ein Gatte beständig trotz der Ermahnungen des Pastors vor dem Ehescheidungsprozeß und des Konsistoriums während des Prozesses im Verlaufe mindestens eines Jahres dem anderen die eheliche Gemeinschaft hartnäckig verweigert, ohne dafür irgendwelche Gründe zu haben, und obwohl er physisch dazu vollkommen fähig ist. Vorausgesetzt wird dabei, daß die Gatten noch zusammen leben, und daß kein Ehebruch stattgefunden hat, denn wenn sie getrennt sind, oder ein Ehebruch stattfindet, so treten andere Scheidungsgründe ein. Dieser Fall ist sehr selten, weit häufiger aber der andere, das Unvermögen zur ehelichen Gemeinschaft. Dieses ist ein Scheidungsgrund, wenn es schon *vor der Ehe bestand*, oder auch, wenn es nach der Ehe entstand, *aber durch die eigene Schuld des damit behafteten Gatten*, als etwa durch Laster und dergleichen herbeigeführt ist. Die Scheidungsklage darf aber in diesem Falle *nicht vor drei Jahren* erhoben werden, gerechnet von dem Zeitpunkt an, da sich das physische Unvermögen zuerst offenbart hat. Bewiesen werden kann es nur durch eine ärztliche Untersuchung des Leidenden. Beruht es auf einer ausgesprochenen Krankheit, wie z. B. Rückenmarksleiden, Schlaganfall, Lähmung, oder auf einem bestimmten körperlichen Fehler, so kann es vom Arzt ohne Mühe konstatiert werden, beruht es aber auf einer allgemeinen Störung des Nervensystems ohne bestimmten körperlichen Fehler, oder überhaupt auf einer abnormen Veranlagung, so kann es auch vom Arzt nur schwer konstatiert werden. In diesem Fall ist das Leiden ein mehr psychisches als physisches und oft unbeweisbar, namentlich, wenn der damit behaftete es leugnet. Ist das physische Unvermögen eine natürliche Folge des Alters des Ehegatten, so ist es kein Scheidungsgrund. Die eheliche Gemeinschaft kann auch dadurch gestört werden, daß ein Gatte die Empfängnis verhindert. Dieses ist immer ein Scheidungsgrund, da dadurch der Zweck der Ehe, die Fortpflanzung, unmöglich gemacht wird.

Die Ehe wird ferner geschieden, wenn einer der Gatten eine unheilbare, ansteckende oder ekelerregende Krankheit hat, und eine solche Krankheit erst während der Ehe entstanden ist, oder auch vor der Ehe da war, aber von dem betreffenden verheimlicht wurde, denn es besteht das Prinzip, daß Fehler und Mängel eines Gatten, die schon vor der Ehe offenbar waren, mit denen der andere schon bei der Eheschließung gerechnet hat, nicht als Scheidungsgründe gelten. Die Krankheit muß ansteckend und unheilbar sein. Dahin gehören Krankheiten wie Syphilis und Aussatz. Auch die Tuberkulose ist, wenn sie vom Arzte als unheilbar bezeichnet wird, hierher zu rechnen, denn nach dem heutigen Stande der Wissenschaft ist Tuberkulose eine ansteckende Krankheit. Zu den ekelerregenden Krankheiten kann man solche rechnen, die das Gesicht sehr entstellen oder solche, bei denen der Kranke eine unangenehme Ausdünstung hat, wie das bei verschiedenen Mund- und Nasenkrankheiten der Fall ist. Auch die ekelerregenden Krankheiten müssen unheilbar sein, wenn sie als Scheidungsgrund dienen sollen, zum mindesten muß der Arzt bescheinigen können, daß auf eine Genesung in absehbarer Zeit gar nicht gerechnet werden kann. Als Krankheit, die zur Scheidung berechtigt, ist auch Wahnsinn anzusehen, wenn er länger dauert als ein Jahr und der Arzt bestätigt, daß keine Hoffnung auf Genesung ist. Es ist dabei gleichgültig, ob der Wahnsinn ein dauernder Zustand ist, oder ob er zeitweise in einzelnen Anfällen auftritt, zwischen denen ein Zeitraum liegt, wo der Kranke ganz normal erscheint, wenn nur die Geistesstörung unheilbar ist. Dem Sinne des Gesetzes nach wird auch Epilepsie hierher zu rechnen sein, denn sie ist zwar kein Wahnsinn im eigentlichen Sinne dieses Wortes, wohl aber eine Geistesstörung, da ihre Anfälle mit Bewußtlosigkeit verbunden sind. Wenn ein Gatte ein so lasterhaftes Leben führt, daß das ganze Hauswesen dadurch gefährdet oder zugrunde gerichtet wird, so kann der andere die Scheidung verlangen. Hierzu gehört der Fall, wenn ein Gatte der Trunksucht ergeben ist, wenn er sein Vermögen oder das seiner Frau in unsinniger Weise verschwendet, oder überhaupt ein derart lasterhaftes Leben führt, daß das Hauswesen, das Familienleben nicht mehr seinen normalen Gang gehen kann oder unmöglich wird. Ein weiterer Scheidungsgrund ist „grausame Behandlung, verbunden mit Beschimpfungen, körperlichen Mißhandlungen oder anderen empfindlichen Beleidigungen." Was die Beschimpfungen und Beleidigungen anbetrifft, so kann nicht ohne weiteres jede Beleidigung zum Scheidungsgrund dienen. Die Beleidigung muß eine „empfindliche" d. h. eine schwere sein, sie muß derart sein, daß ein Gatte, der etwas auf seinen Ruf und seine Reputation hält, nach einer solchen Beleidigung mit dem anderen nicht mehr zusammenleben kann. Ein heftiges, ungebührliches Wort, das im Zorne, im Streite, in der Erregung gesprochen wird, ist an und für sich noch kein Scheidungsgrund, denn in Wirklichkeit gibt es kaum einen Zank zwischen Eheleuten, bei dem nicht diese oder jene Beleidigung ausgesprochen wird. Die soziale und gesellschaftliche Stellung des Ehegatten wird natürlich bei Beurteilung der Beleidigung berücksichtigt werden müssen. Körperliche Mißhandlung ist dagegen in jedem Falle unerlaubt, doch enthält das Gesetz die Bestimmung, daß sowohl Beschimpfungen, wie Beleidigungen und Mißhandlungen nicht als Scheidungsgrund anzusehen sind, wenn bewiesen wird, daß der auf Scheidung klagende Gatte selbst durch lasterhaftes Benehmen, durch Böswilligkeit, oder durch irgendein anderes Unrecht Anlaß zu den Beschimpfungen und Mißhandlungen gegeben hat, oder sie auch direkt provoziert hat. In diesem Falle wird der Kläger vom Konsistorium mit seiner Klage abgewiesen. Als Scheidungsgrund gilt es ferner, wenn ein Gatte den anderen verleumdet. Aber auch nicht alle Verleumdungen, sondern nur besonders schwere kommen hier in Betracht, solche, die den Zweck haben, den anderen Gatten in seiner Ehre, seiner Freiheit, seinem Amt oder Berufe zu schaden, so wenn ein Gatte den andern bei der Polizei, bei den Gerichten fälschlich denunziert und eines Verbrechens oder Vergehens beschuldigt, wenn die Frau den Mann bei seinen Vorgesetzten im Amte oder bei den Kunden, für die er in seinem Berufe arbeitet, anschwärzt, verleumdet und dadurch die Absicht erweist, ihn in seinem Berufe, seinem Gelderdienst, seiner Erwerbstätigkeit zu schaden, überhaupt, wenn ein Gatte dem anderen an seiner Ehre oder seinem Eigentum auf irgendeine Weise böswillig schadet, kann auf Scheidung geklagt werden, aber nur im Verlaufe von sechs Monaten nach der Verleumdung oder der verleumderischen Handlung. Erfolgt die Klage in diesem Zeitraum nicht, so gilt die verleumderische Handlung als vergessen oder verziehen. Endlich kann eine Ehe geschieden werden, wenn ein Gatte ein schweres Verbrechen begeht, das mit dem Verlust aller bürgerlichen Rechte verbunden ist, also z. B. einen Mord. Mit dem Verlust aller Rechte verliert der Verbrecher auch seine ehelichen Rechte und die Ehe wird aufgelöst, allerdings nur, wenn der andere Gatte es verlangt. Das gleiche geschieht, wenn der Verbrecher vom Gericht noch nicht verurteilt ist, aber sich dem Gericht durch die Flucht entzogen hat.

Dieses sind die Scheidungsgründe für Lutheraner. Ich will sie noch einmal kurz zusammenfassen in der Form, wie das Gesetz sie darstellt: 1. Ehebruch, 2. Böswillige Verlassung, 3. Unfreiwillige Trennung des Gatten im Verlaufe von mehr als fünf Jahren, 4. Abneigung oder Unvermögen zur ehelichen Gemeinschaft, 5. unheilbare, ansteckende Krankheit, 6. Wahnsinn, 7. Lasterhaftes Leben, 8. Grausame Behandlung, Beschimpfungen und schwere Beleidigungen, 9. Schwere Verleumdung und 10. Verbrechen, die den Verlust aller Rechte nach sich ziehen.

Man sieht, es fehlt nicht an Scheidungsgründen, und in dieser Hinsicht haben es die Lutheraner gut. Das Register der Scheidungsgründe läßt an Vollständigkeit nichts zu wünschen übrig, und solange beide Eheleute Lutheraner sind, macht die Scheidung nicht viel Kopfzerbrechen. Als ein Mangel des Gesetzes muß es bezeichnet werden, daß es in schwierigen Fällen die Beteiligten an die „Behörden" und an die „weltlichen Gerichte" verweist. Welche Behörden hier eigentlich gemeint sind, ist oft ganz unklar, und der Hinweis auf die weltlichen Gerichte ist fast immer verfehlt, denn in dem bürgerlichen Gesetzbuch fehlen hierher gehörige Bestimmungen gänzlich, und diese Gerichte sind dann in der angeregten Frage ebenso hilflos wie das Konsistorium selbst. Sehr groß werden die Schwierigkeiten, wenn die Eheleute verschiedener Religion sind, namentlich wenn der eine Teil lutherisch, der andere katholisch ist. Das Konsistorium verlangt unbedingt, daß der beklagte Teil immer lutherisch sei, der Kläger kann auch katholisch sein oder sonst einer andern Religion angehören. Nehmen wir einmal an, eine Lutheranerin hat einen Katholiken geheiratet und die Trauung ist nach lutherischem Ritus vollzogen. Nun verläßt der Mann die Frau böswillig oder gibt irgendeinen andern Grund zur Scheidung. Reicht die Frau eine Scheidungsklage im lutherischen Konsistorium ein, so wird sie hier abgewiesen, weil der beklagte Teil nicht lutherischer Konfession ist. Die katholische Kirche will von der Klage nichts wissen, weil sie erstens überhaupt keine Ehescheidung anerkennt, zweitens die Trauung lutherisch, und nicht katholisch war. Wir stehen also vor der merkwürdigen Erscheinung, daß eine nach lutherischem Ritus vollzogene Ehe auf keine Weise geschieden werden kann. In Wirklichkeit gibt es hier nur einen Ausweg, nämlich wiederum ein Gesuch an den Kaiser in der schon erwähnten Kanzlei. Hat dieses Gesuch Erfolg, so ergeht vom Kaiser ein Befehl an das Konsistorium, die besagte Ehescheidungssache nach den für Lutherische bestehenden Gesetzen zu verhandeln, und dann stehen diesen Verhandlungen weiter keine Schwierigkeiten im Wege. Der gordische Knoten ist dann zerhauen. Andererseits kann aber das Konsistorium Ehen scheiden, die gar nicht nach lutherischem, sondern bloß nach katholischem Ritus vollzogen sind, nämlich in dem Falle, wenn die katholischen Gatten die lutherische Religion annehmen. Es genügt auch, daß nur einer von ihnen sie annimmt, wenn nur dieser eine im Prozeß die Rolle des beklagten Teiles übernimmt, ja sogar eine jüdische Ehe kann geschieden werden, wenn der beklagte Teil die lutherische Religion angenommen hat. Aus diesem Grunde ist in Rußland der Übergang vom Katholizismus und Judentum zur lutherischen Religion so häufig, wobei allerdings, wenn die Ehescheidung erfolgt und der Zweck damit erreicht ist, die Betreffenden wieder zu ihrer früheren Religion zurückgehen, so daß in Rußland Personen, die drei-, viermal oder noch häufiger ihre Religion wechseln, gar keine Seltenheit sind. Aber sogar in dem Falle, wenn beide Teile lutherischer Religion und lutherisch getraut sind, sogar dann steht das Konsistorium oft vor unüberwindlichen Schwierigkeiten, denn es braucht nur einer der Gatten zum Katholizismus überzugehen, und eine Klage gegen ihn im Konsistorium wird unmöglich, da ja der beklagte Teil unbedingt lutherisch sein soll. Auch in diesem Falle kann nur der schon mehrfach erwähnte kaiserliche Befehl helfen. Die verschiedenartigen Schwierigkeiten, die bei Scheidung von Mischehen entstehen können, lassen sich gar nicht ohne weiteres übersehen, und können nur in jedem einzelnen Fall entschieden werden; oft genug geben sie unlösbare Rätsel auf. Man glaube dabei nicht, daß diese Fälle irgendwie durch das Gesetz geregelt werden. Entscheidungen des Senats, Zirkulare des Ministeriums des Innern, Erklärungen des Generalkonsistoriums usw. müssen die fehlenden Gesetzesbestimmungen ersetzen. Das Gesetz tut so, als ob es keine Mischehen gibt. Die Praxis der Konsistorien einzig und allein ist es, die hier Auswege geschaffen hat, die oft genug sehr sonderbarer Art sind. Und wenn die Schwierigkeiten unlösbar sind und durch einen Befehl des Kaisers entschieden werden, so ist gerade das ganz unnormal, zumal man ja nie genau weiß, ob solche Gesuche an den Kaiser Erfolg haben werden oder nicht. Die Bewilligung eines solchen Gesuches kann immer nur als besondere Gnade aufgefaßt werden.

Das ganze russische Ehescheidungsrecht bedarf daher dringend der Reform. Man muß sich aber vergegenwärtigen, daß eine Reform hier nur auf eine Weise möglich ist, nämlich indem nach westeuropäischem Muster Kirche und Staat ganz voneinander getrennt werden, und die Kompetenz in Ehescheidungssachen den geistlichen Gerichten, den Konsistorien ganz entzogen wird. Nur die allgemeinen Gerichte, also bei uns etwa das Bezirksgericht, dürfen in solchen Fragen kompetent sein, und zwar nach Gesetzen, die für alle Bürger, seien sie Heiden oder Christen, genau die gleichen sind. Es geht wirklich nicht an, daß ein bürgerliches Recht wie das Recht auf Ehe und Ehescheidung von der Religion eines Bürgers abhängig sein soll, daß in so einer Frage der Lutheraner Rechte haben soll, die andere nicht besitzen, und umgekehrt. Dann würde auch die schon erwähnte widerwärtige Erscheinung, der fortwährende Wechsel der Religion zum Zweck der Ehe und Ehescheidung, ganz aufhören. Findet diese Trennung von Staat und Kirche aber nicht statt, scheut man sich den Weg zu betreten, den alle Kulturstaaten betreten haben, so ist die Reform eines einzelnen konfessionellen Ehescheidungsrechts im besten Falle immer nur Flickwerk. Sie ist dann ebenso unvollkommen und verdient dieselbe Beurteilung, wie die Reform des preußischen Wahlrechts durch Bethmann-Hollweg.

Wird die Ehe durch das Konsistorium geschieden, so erklärt dieses einen der Ehegatten für den schuldigen Teil, und zwar denjenigen, der durch sein Benehmen, seine Handlungen, das Zerwürfnis der Ehe und damit die Notwendigkeit der Scheidung verursacht hat. Eine solche Schuld besteht nicht, wenn der Grund zur Scheidung Krankheit eines Gatten war, sei sie psychisch oder physisch, auch dann nicht, wenn die Scheidung durch eine unfreiwillige, länger als fünf Jahre bestehende Trennung der Gatten verursacht ist. In allen übrigen Fällen aber wird der beklagte Teil bei der Scheidung der Ehe als schuldig bezeichnet, und in zwei Fällen hat diese Schuldigsprechung *ganz bestimmte rechtliche Folgen*, nämlich wenn der Scheidungsgrund Ehebruch oder böswilliges Verlassen der Gatten ist. In diesen beiden Fällen wird dem für schuldig erkannten Teil das Eingehen *einer neuen Ehe verboten*, und er kann das Recht auf eine neue Ehe nur unter folgenden Bedingungen erhalten. Die Erlaubnis zu einer neuen Ehe kann in diesem Falle nur das evangelisch-lutherische Generalkonsistorium geben, und zwar in einem von drei Fällen, erstens, wenn der gekränkte Gatte, der im Prozesse Kläger war, gestorben oder verschollen ist, so daß niemand mehr weiß, wo er wohnt, zweitens, wenn er selbst schon eine neue Ehe geschlossen hat, und drittens, wenn er schriftlich erklärt, daß er gegen eine neue Ehe des schuldigen Teils nichts einzuwenden hat. Diese Erklärung erhält der schuldige Gatte von dem nichtschuldigen gewöhnlich ohne Mühe. Denn dem nichtschuldigen Teil ist es im Grunde ganz gleichgültig, ob der andere eine neue Ehe schließt oder nicht, ja in vielen Fällen ist für ihn diese neue Ehe des andern Teils sogar wünschenswert, weil er dadurch vor dessen etwaigen Ansprüchen geschützt wird. In jedem Falle aber müssen nach dem Trennungsakte des Konsistoriums drei Jahre vergehen, ehe der schuldige Teil die neue Ehe eingehen kann. Eine Verkürzung dieser Frist kann nur durch ein Gesuch an den Kaiser erwirkt werden. Der für nicht schuldig erkannte Teil kann ohne weiteres eine neue Ehe eingehen und ist in dieser Hinsicht in keiner Weise beschränkt. Auch der für schuldig erkannte Teil kann dieses, wenn der Scheidungsgrund nicht böswilliges Verlassen und nicht Ehebruch war, also etwa rohe Behandlung, Verleumdung, Verbrechen und dgl. Bei Ehescheidungsprozessen hört man sehr viel darüber reden, daß beim Scheidungsprozeß dieser oder jener Teil „die Schuld auf sich genommen hat". Damit ist gemeint, daß der betreffende Teil vor dem Konsistorium erklärt hat, er habe seinen Gatten böswillig verlassen, und dadurch die gegen ihn gerichtete Ehescheidungsklage als berechtigt anerkannt. Denn es muß bemerkt werden, daß das lutherische Kirchengesetz zwar viele Gründe zur Ehescheidung kennt, aber in Wirklichkeit bei fast allen Prozessen als Grund das böswillige Verlassen angegeben wird, wenigstens in allen den Fällen, wenn beide Gatten einverstanden sind, sich scheiden zu lassen; andere Gründe werden in der Regel nur dann angegeben, wenn ein Gatte sich gegen die Scheidung sträubt und sie nicht zulassen will. Außerdem, und dieses ist vielleicht das wichtigste, ist das böswillige Verlassen der einzige Grund, der nichts besonders Ehrenrühriges oder Peinliches an sich hat, und daher getrost zugegeben werden kann. Fast alle anderen Gründe sind peinlicher oder heikler Art, und niemand hat Lust, intime Szenen aus seinem Eheleben, ehrenrührige Handlungen, Alkovengeheimnisse und dergleichen an die Öffentlichkeit zu zerren, vor Konsistorien oder anderen Gerichten verhandeln zu lassen, oder durch ein offizielles Geständnis zu Protokoll zu bringen. Wichtig ist hierbei auch, daß im Falle des böswilligen Verlassens das bloße Geständnis des Schuldigen in der Regel genügt, während z. B. im Falle des Ehebruchs dieses Geständnis ganz ungenügend ist, und der Kläger gezwungen ist, besondere Beweise für den Ehebruch zu erbringen, als z. B. Zeugen verhören zu lassen, die über die intimsten Szenen des Ehelebens aussagen sollen, ein Verfahren, zu dem sich sowohl der Kläger wie sein Anwalt nur sehr ungern entschließt. In anderen Fällen, wie Krankheit, Impotenz oder Abneigung gegen den ehelichen Verkehr, Roheiten, Verleumdungen usw. genügt zwar in der Regel ein bloßes Geständnis der Schuldigen, doch aus naheliegenden Gründen sträubt sich jeder, ein solches Geständnis abzulegen, und einen Beweis in dieser Richtung zu führen ist ebenfalls peinlich und unangenehm.

Der Ehescheidungsprozeß gehört immer vor das Konsistorium. Er beginnt mit Einreichung der Klage, in der der Kläger den Scheidungsgrund angibt, gewöhnlich also erklärt, daß der Beklagte ihn böswillig verlassen hat, und das Konsistorium ersucht, die Ehe zu scheiden, ihn, den Kläger als unschuldigen Teil zu erklären, und die Kinder aus dieser Ehe ihm zur Pflege und Erziehung zuzusprechen. Beigelegt wird der Trauschein und der Taufschein der Kinder. Sowohl die Klage wie alle Beilagen müssen mit Kopien für den Beklagten eingereicht werden. Hierauf macht das Konsistorium einen Sühneversuch, zu dem beide Teile erscheinen müssen und vom Konsistorium ermahnt werden, sich zu einigen. Diese Einigung kommt aber nie zustande, da ja der Kläger schon bei Einreichung der Scheidungsklage zur Scheidung fest entschlossen war, und der Sühneversuch ist daher in Wirklichkeit nur eine unnütze und zwecklose Formalität. Im allgemeinen unterscheidet man zwei Sühneversuche, einen vor der Scheidungsklage vor dem Pastor, einen nach der Klage im Konsistorium. Schon vor Einreichung der Klage wendet sich der Kläger gewöhnlich an den Pastor seiner Gemeinde mit der Bitte, einen Sühneversuch zu unternehmen. Der Pastor fordert dann beide Gatten auf, bei ihm zu erscheinen, ermahnt sie, sich zu einigen und legt dem gekränkten Gatten nahe, dem Beleidiger zu verzeihen und die Ehe mit ihm fortzusetzen. Gelingt die Einigung nicht, so stellt der Pastor dem gekränkten Gatten eine Bescheinigung darüber aus, daß er, der Pastor, das mögliche getan hat, um die Gatten zu einer Einigung zu bringen, ihm dieses aber nicht gelungen ist. Eine solche Bescheinigung stellt dann der Kläger zugleich mit der Klage dem Konsistorium vor. Ein solcher Sühneversuch des Pastors wird vom Gesetze nur in drei Fällen verlangt, bei Abneigung gegen die eheliche Gemeinschaft, bei lasterhaftem Lebenswandel und bei grausamer Behandlung und schwerer Beleidigung. Im letztgenannten Falle kann der Pastor sogar verlangen, daß die Eheleute für eine Weile getrennt werden, und erst wenn auch nach dieser Trennung keine Einigung zustande kommt, stellt der Pastor dem gekränkten Gatten die gewünschte Bescheinigung aus. Trotzdem aber der Sühneversuch des Pastors nur in den genannten Fällen verlangt wird, sehen die Konsistorien es gerne, wenn auch in allen übrigen Fällen eine Bescheinigung des Pastors über das Mißlingen des Sühneversuchs mit der Klage zugleich dem Konsistorium vorgelegt wird, und das Konsistorium unternimmt dann einen zweiten Sühneversuch, an dem der Pastor sich schon nicht mehr beteiligt. Ist auch dieser zweite Sühneversuch mißlungen, so stellt das Konsistorium dem Beklagten die Kopien der Klage und aller Beilagen zu und gibt ihm eine gewisse Frist zur Erwiderung. Gibt dann der Beklagte den Scheidungsgrund und die Berechtigung der Klage zu, so ist damit der Prozeß selbst gewöhnlich erledigt, und das Konsistorium fällt das Scheidungsurteil. In diesem Fall kann der ganze Prozeß in etwa zwei bis drei Monaten erledigt sein. Bestreitet er aber den Scheidungsgrund, stellt er Gegenbeweise vor, oder beruft er sich auf Zeugen, um die Klage durch deren Aussagen zu entkräften, so kann sich der Prozeß unbestimmt lange hinziehen, da namentlich die Ladung der Zeugen und ihr Verhör sehr lange Zeit in Anspruch nimmt. In dem Urteil gibt das Konsistorium genau an, aus welchem Grunde die Ehe geschieden wird, wer für den schuldigen Teil erkannt wird, ob ihm die Wiederverehelichung verboten wird, wer von den Eltern die Pflege und Erziehung der Kinder übernehmen soll, und wer den Unterhalt zur Erziehung der Kinder zu tragen hat. Was das Schicksal der Kinder anbetrifft, so überläßt das Konsistorium den Gatten, sich in dieser Frage zu einigen, und gewöhnlich findet eine solche Einigung statt. Als Muster einer solchen Einigung könnte z. B. folgender Vergleich dienen. Die Kinder bleiben bei der Mutter zur Pflege und Erziehung. Der Vater hat das Recht, die Kinder jede Woche zu sehen. Für eine gewisse Zeit, sagen wir etwa drei Monate in jedem Jahre, verpflichtet sich die Mutter, die Kinder zum Vater zu schicken. Der Vater verpflichtet sich, die Mittel zur Erziehung der Kinder zu gewähren. Daß bei solchen Einigungen einer der Gatten oft ohne seine Schuld zu kurz kommt, liegt leider in der Natur der Sache und ist schwer zu vermeiden. Bricht ein Teil diesen Vergleich, liefert er die Kinder dem anderen Teil zum vereinbarten Termin nicht aus, so kann dieser andere zwar gerichtlich die Auslieferung der Kinder verlangen, aber aus schon angegebenen Gründen haben solche Prozesse nur wenig praktischen Wert, und der ganze Vergleich, die Kinder betreffend, hat daher mehr moralische wie rechtliche Bedeutung. Einigen sich die Gatten nicht, sei es, weil die Feindschaft zwischen ihnen zu groß ist, sei es, weil sie eine Einigung versäumen, so trifft das Konsistorium selbst eine Bestimmung in bezug auf die Kinder, und da gesetzliche Bestimmungen fehlen, handelt es dabei nach Gutdünken, nach seinem eigenen Gerechtigkeitsgefühl, nach bestem Wissen und Gewissen. In der Regel wird es die Kinder dem nichtschuldigen Teile zusprechen, obgleich dieses nicht notwendig ist, und auch eine andere Bestimmung getroffen werden kann. In manchen Fällen wird die Frage ausschlaggebend sein, wer von den Eltern die Mittel zur Erziehung der Kinder hat.

Ist das Urteil im Ehescheidungsprozeß fertig, so wird es den Gatten verkündet, entweder indem es ihnen zugestellt oder im Konsistorium bei ihrem Erscheinen verlesen wird. Ist jemand von ihnen mit dem Urteil unzufrieden, so muß er im Verlaufe von sieben Tagen nach Verkündung des Urteils schriftlich erklären, daß er mit dem Urteil unzufrieden ist und an das Generalkonsistorium appellieren will. Im Verlaufe von sechs Monaten, vom Tage der Verkündung des Urteils, kann er dann die Appellation im Generalkonsistorium einreichen. Wird die Appellation im Verlaufe von sieben Tagen nicht angemeldet, so wird das Urteil des Konsistoriums rechtskräftig, und es kann der Trennungsakt erfolgen. Dieser besteht darin, daß die Geschiedenen zusammen oder jeder einzeln nochmals vor dem Konsistorium erscheinen und ihnen hier der Inhalt des Scheidungsurteils feierlich verkündet wird. Hierbei werden ihnen die Trauringe abgenommen und an die Prediger-Witwen- und Waisenkasse überwiesen. Besitzt jemand seinen Trauring nicht mehr, so wird ihm anheimgestellt, den Wert dieses Ringes nach eigener Schätzung zu entrichten. Bemerkt muß werden, daß dieser ganze Trennungsakt nur eine feierliche Handlung ist. Die Ehe ist auch ohne Trennungsakt als geschieden anzusehen, wenn nur im Verlauf der obengenannten sieben Tage keine Unzufriedenheitserklärung erfolgt ist. Will aber ein geschiedener Gatte eine neue Ehe eingehen, so muß der feierliche Trennungsakt doch vorher stattfinden.

Die Kosten eines Ehescheidungsprozesses sind nicht groß; sie betragen in der Regel etwa 50 bis 75 Rubel. Wenn man davon reden hört, daß die Scheidung einer Ehe sehr teuer sei, so sind damit immer Anwaltskosten, nicht Prozeßkosten gemeint. Von der Zahlung der Prozeßkosten wird der befreit, der dem Konsistorium ein Armutszeugnis vorstellt. Damit ist aber wenig erreicht, denn die Hauptausgaben, die Anwaltskosten, bleiben, es müßte denn sein, daß der Kläger seinen Prozeß im Konsistorium selbst führt, was wohl möglich, aber schwierig ist, denn er ist dann stets in Gefahr, einen groben Fehler zu machen, der später nicht mehr gut gemacht werden kann. Eine ganz andere Bedeutung haben Armutszeugnisse im Bezirksgericht, und da ihre Bedeutung in der Praxis so groß ist, will ich hier einige Worte darüber sagen. Braucht jemand ein Armutszeugnis für das Bezirksgericht, so kann er dieses von dem Friedensrichter seines Bezirkes erhalten, der dieses Zeugnis gibt, wenn er sich durch eine polizeiliche Untersuchung davon überzeugt, daß der Petent tatsächlich die Mittel zur Führung des in Rede stehenden Prozesses nicht besitzt. Hierauf erhält der Betreffende vom Bezirksgericht die Erlaubnis, den Prozeß ohne Gerichtssteuer und ohne jegliche Abgaben zu führen, und, was sehr wichtig ist, der Rat der Rechtsanwälte betraut in diesem Falle auf sein Ersuchen einen vereidigten Rechtsanwalt mit der Führung dieser Sache. Der Anwalt muß in diesem Falle den Prozeß umsonst führen und darf sich nicht weigern. Hier ist also mit einem Armutszeugnis sehr viel erreicht, da dadurch nicht nur die Gerichts-, sondern auch die Anwaltskosten erspart werden. Im Konsistorium erspart man aber bestenfalls nur die sehr geringen Prozeßkosten. Kein Anwalt kann gezwungen werden, im Konsistorium einen Prozeß umsonst zu führen.

6. Nichtigkeitserklärung einer Ehe.

Von der Ehescheidung streng zu unterscheiden ist die Nichtigkeitserklärung der Ehe. Eine geschiedene Ehe ist immer vom Moment der Trauung bis zu dem der Scheidung vollkommen gültig. Eine nichtige Ehe ist aber von vornherein ungültig, und das Zusammenleben der Getrauten vom Moment der Trauung an ist in diesem Falle gar keine Ehe, sondern nur ein Konkubinat. Die Ehe kann vom Konsistorium für nichtig erklärt werden, wenn bei Schließung der Ehe grobe Verstöße gegen das Gesetz begangen worden sind, so, wenn es sich erweist, daß die Getrauten nahe Verwandte, etwa Bruder und Schwester sind, oder wenn einer von ihnen bereits verheiratet war, also Polygamie vorliegt. Die hierauf bezüglichen Gesetze sind für Lutheraner und Orthodoxe ungefähr dieselben. Wenn übrigens die Getrauten von diesen Hindernissen wußten und sie absichtlich vor dem Geistlichen oder vor der Kirche verheimlicht haben, so droht ihnen überdies noch in den meisten Fällen eine Kriminalstrafe. Ist das Zusammenleben der Gatten in einer nichtigen Ehe nur als Konkubinat anzusehen, so müßten konsequenterweise alle Kinder aus einer solchen Ehe unehelich sein. Da dieses aber im Leben zu großen Härten führen würde, so macht das

Gesetz für die Kinder eine Ausnahme und erklärt, daß die Kinder aus Ehen, die für nichtig erklärt sind, die Rechte ehelicher Kinder haben, also z. B. in bezug auf Familiennamen, Erbrecht, Ansprüche gegen die Eltern usw. Für diesen Fall schreibt das Gesetz den Eltern vor, sich darüber zu einigen, bei wem die Kinder nach der Nichtigkeitserklärung der Ehe bleiben sollen. Findet keine Einigung statt, so bestimmen darüber die Vormundschaftsbehörden. Über die Frage, wann und wie häufig der von seinen Kindern getrennte Gatte diese sehen kann, bestimmt, falls keine Einigung vorliegt, der örtliche Friedensrichter. Beide Eltern müssen den Kindern in jedem Falle Unterhalt, Bildung, Pflege erteilen und haben die nötigen Mittel hierzu nach ihrem Erwerb und ihrer sozialen Stellung aufzubringen. Zur Nichtigkeitserklärung einer Ehe ist nur das Konsistorium kompetent. In Wirklichkeit findet eine solche höchst selten statt, da sich fast nie jemand findet, der die Gründe zur Nichtigkeitserklärung dem Konsistorium mitteilt. Ein Mensch, der dieses täte und dadurch zur Zerstörung einer Ehe beitrüge, würde wohl in den meisten Fällen von der öffentlichen Meinung für einen Schuft erklärt werden. Bemerkt muß werden, daß die katholische Kirche eine ganz besondere Art von Nichtigkeitserklärung einer Ehe kennt, nämlich den Fall, wenn zwischen den Eheleuten aus irgendeinem Grunde gar kein geschlechtlicher Verkehr stattgefunden hat und sich dieses beweisen läßt. In diesem Falle gilt die Ehe als „nicht vollendet" (matrimonium non consummatum) und kann für ungültig erklärt werden, doch sind diese Fälle höchst selten und nur bei katholischen Ehen möglich.

7. Die elterliche Gewalt.

Wenden wir uns nun zu dem Familienleben selbst, so kommen wir hier zunächst zu der vielumstrittenen Frage von der elterlichen Gewalt. Die Eltern haben ihre Kinder zu erziehen, ihnen den Lebensunterhalt zu gewähren und jegliche Pflege angedeihen zu lassen. Das Erziehungsrecht schließt eine ganz bestimmte Gewalt über die Kinder ein, und es ist die Frage, wie weit diese Gewalt gehen kann und darf. Wie in den Fragen über das Eheleben ist auch hier das russische Gesetz ganz und gar veraltet und nimmt einen Standpunkt ein, der den alten Zeiten des Polizeistaates entspricht und heute gänzlich überwunden ist. Wir hören, daß die Kinder ihre Eltern aufrichtig lieben, achten und ihnen unbegrenzten Gehorsam erweisen sollen, daß sie die Ermahnungen und Maßregeln der Eltern „ohne Murren" ertragen sollen. In der Sprache eines Juristen soll das heißen, die Eltern haben in bezug auf ihre Kinder das Züchtigungsrecht. Wieweit geht nun aber das Züchtigungsrecht? Wo ist die Grenze zwischen erlaubter Züchtigung und strafbarer Mißhandlung? Wir lesen: „Die Eltern dürfen zur Besserung hartnäckiger und unfolgsamer Kinder häusliche Besserungsmaßregeln ergreifen. Bleiben diese erfolglos, so dürfen die Eltern verlangen, daß Kinder beiderlei Geschlechts für hartnäckigen Ungehorsam gegen die Eltern, lasterhaftes Leben und andere offenbare Laster gemäß § 1592 des Strafgesetzbuches ins Gefängnis gesperrt werden." Dieser Paragraph besagt, daß Kinder unter den angegebenen Umständen zwei bis vier Monate im Gefängnisse gehalten werden können. Dieses Gesetz ist dermaßen unsinnig, daß heute kein normaler Mensch mehr davon Gebrauch macht. Ein schwierig zu erziehendes Kind ins Gefängnis zu sperren, ist das schlimmste, was man tun kann, denn die russischen Gefängnisse sind Schulen des Lasters, und es hieße ein Kind vollends und für immer verderben, wenn man es dem Gefängnis übergibt. Weiter lesen wir: „Wegen Beleidigungen dürfen Kinder gegen ihre Eltern nicht klagen", Beleidigung der Kinder ist also straflos. „Diese Regel bezieht sich aber nicht auf die Fälle, wenn Eltern an ihren Kindern Handlungen begehen, die nach den allgemeinen Gesetzen mit Kriminalstrafen bedroht sind." Die Eltern dürfen also an ihren Kindern keine Verbrechen begehen. Hier ist aber folgendes zu beachten. Es gibt in Rußland wie fast überall Verbrechen, die nur auf Antrag des Geschädigten bestraft werden, wie z. B. leichte Körperverletzung, und solche, die ohne jeden Antrag des Geschädigten, auf Antrag des Staatsanwalts bestraft werden, wie etwa Mord, Raub, Betrug, Diebstahl und überhaupt alle schweren Verbrechen. Erfolgt die Strafe nur auf Antrag des Geschädigten, so ist eine Versöhnung des Geschädigten mit dem Verbrecher und damit ein Zurückziehen des Strafantrags möglich, im anderen Falle nicht. Nun ist der Strafantrag eines Kindes gegen seine Eltern nicht möglich, denn Kinder können, da sie unmündig sind, vor Gericht persönlich überhaupt nicht klagen und nichts beantragen, dieses müssen für sie die Eltern tun; diese müßten sich dann also selbst anklagen, was unmöglich ist. Hieraus folgt nun, daß alle Verbrechen, welche bloß auf Antrag des Geschädigten bestraft werden, erlaubt sind, falls sie von Eltern an ihren Kindern begangen werden. Diese Verbrechen sind leichte Wunden, leichte Verstümmlungen und unbedeutende Gesundheitsschädigungen, also mit einem Wort die sogenannte „leichte Körperverletzung". Es wird vom Gesetz zugegeben, daß Züchtigung mit leichter Körperverletzung verbunden sein kann. Wann ist nun aber eine Körperverletzung leicht und wann ist sie schwer? Die Antwort hierauf ist schwierig und kann vom Gericht nur in jedem einzelnen Falle gegeben werden. Gesetzliche Bestimmungen fehlen. Im allgemeinen gilt die Regel, daß eine Verletzung, die durch die Haut und die darunterliegende Fettschicht dringt und einen Muskel, einen Knochen, einen größeren Nerv, ein größeres Blutgefäß oder irgendein inneres Organ trifft, als schwer, eine, die nur die Haut ritzt oder zerreißt, als leicht angesehen werden muß. Doch kann das Gericht in einzelnen Fällen hiervon abweichen. Die leichte Körperverletzung ist also anzusehen als der Umfang, das Maximum des Züchtigungsrechts. So ist es vom rechtlichen Standpunkt; wie es vom ethischen Standpunkte ist, das ist allerdings eine ganz andere Frage. Hierbei muß aber bemerkt werden, daß auch die leichte Körperverletzung stets strafbar ist, wenn sie die Form einer Mißhandlung annimmt. Unter Mißhandlung versteht man die dauernde Zufügung von körperlichen Qualen, die mit Körperverletzung verbunden sein kann, aber auch ohne eine solche möglich ist. Wer ein Kind anhaltend hungern läßt, wer es auf die Straße in die Kälte hinausstößt, wer es in einem dunkeln Zimmer einsperrt, wo es große Angst aussteht, wer es lange Zeit seiner Freiheit beraubt, der mißhandelt es, ohne es körperlich zu verletzen. Mißhandlung ist **immer** ein Verbrechen, das mit Zuchthaus von 2½ bis 4 Jahren bestraft wird. Die Frage, ob in einem bestimmten Falle eine erlaubte körperliche Züchtigung oder eine Mißhandlung vorliegt, ist oft recht schwierig zu entscheiden, denn man muß zugeben, daß der Begriff „Mißhandlung“ kein eng umgrenzter, sondern ein sehr dehnbarer ist und selbst vom besten Gesetz nie ganz genau bestimmt werden kann. Die außerordentliche Fülle und Mannigfaltigkeit der im täglichen Leben möglichen Fälle läßt sich nicht ohne weiteres in ein Gesetz, am allerwenigsten in ein Wort zusammenfassen. Mißhandlungen von Kindern sind leider eine häufige Erscheinung. Mißhandelt werden oft die eigenen Kinder, noch häufiger aber Stiefkinder oder Kinder, die bei jemandem in der Lehre sind, um ein Handwerk zu erlernen, denn das Schicksal solcher Kinder ist in Rußland ein sehr trauriges. Die Angeklagten sind gewöhnlich Frauen, selten Männer. Derartige Prozesse gehören vor das Geschworenengericht, und die Anzahl der freisprechenden Urteile ist sehr groß. Dieses liegt zunächst daran, daß Mißhandlung von Kindern schwer zu beweisen ist. Die Mißhandlung findet fast immer ohne jeden Zeugen statt. Viele hören das Kind schreien; das will aber nicht viel sagen, wenn man bedenkt, wie leicht ein Kind zum Schreien zu bringen ist. Der Arzt, der hinzugezogen wird, konstatiert am Körper des Kindes oft Spuren von Mißhandlung, aber meist nur wenige, denn die ärztliche Untersuchung findet gewöhnlich erst geraume Zeit nach der Mißhandlung statt. Das Kind selbst zeigt gewöhnlich nichts besonders Unnormales, da die Verhandlung im Geschworenengericht gewöhnlich viele Monate nach der Mißhandlung stattfindet. Es ist etwas verängstigt und eingeschüchtert, und hieraus lassen sich gewisse Schlüsse ziehen, die aber nicht genügen, um das Verbrechen der Mißhandlung zu konstatieren. Aus dem Kinde ist durch Verhör nur sehr wenig herauszubekommen. Es antwortet entweder gar nicht oder nur kurz und schüchtern. Auch daß man den Angeklagten aus dem Gerichtssaal entfernt und das Kind dann in seiner Abwesenheit verhört, hilft wenig. Fragt der Angeklagte das Kind direkt, ob es bei ihm nicht gut gelebt hat, antwortet das Kind gewöhnlich mit einem leisen und schüchternen „Ja", eine Antwort, die teils auf die Suggestion des Fragenden, teils auf eine Instruktion des Kindes vor der Gerichtsverhandlung zurückzuführen ist. Der Angeklagte spielt dabei immer einen Trumpf vor seinen Richtern aus. Der Angeklagte selbst erklärt immer im Brusttone der Überzeugung, daß das Kind außerordentlich schwer zu erziehen sei, und daß er erst nach vielen Versuchen, das Kind im guten zu erziehen, zum letzten Mittel, zu sehr strengen Maßregeln gegriffen habe, aber nie mit der Absicht, es zu mißhandeln, sondern lediglich, es zu züchtigen. Bei größeren Kindern wird oft darauf hingewiesen, daß sie heimliche Laster hätten, die ihnen auf diese Weise ausgetrieben werden sollten, bei kleineren noch öfter darauf, daß sie sich immerfort beschmutzten, und daß die Härte nur ein Kampf mit dieser schlechten Angewohnheit war. Daran mag viel Wahres sein, und inwieweit der Angeklagte wirklich böswillig handelte, ist nicht leicht zu entscheiden, da die Art der Erziehung immer individuell ist und nach dem Charakter des Angeklagten, seinem Wesen, seiner Bildung und sozialen Stellung beurteilt werden muß. Der eine züchtigt Kinder sehr streng, der andere gelinde, der dritte glaubt, ohne jede körperliche Züchtigung auskommen zu können. Das ist die persönliche Überzeugung eines jeden, die die Geschworenen nicht antasten können. Eine Verurteilung des Angeklagten ist daher nur möglich, wenn wirklich bewiesene Grausamkeiten vorliegen, zumal wenn man bedenkt, daß die Strafe für Mißhandlung eine schwere, entehrende ist. Unter solchen Umständen kann man sich über eine Freisprechung des Angeklagten in derartigen Prozessen nicht wundern.

Aus dem Gesagten ist deutlich zu ersehen, daß gerichtliche Verfolgung und Kriminalstrafe als Maßregeln zum Schutze des Kindes vor Mißhandlung sehr ungenügend sind. Das Gericht ist zu diesem Zwecke ein viel zu schwerfälliger Apparat; es greift zu langsam und viel zu spät ein; es kann nicht schnell und im rechten Augenblick handeln, sondern erscheint erst dann, wenn es schon zu spät ist. Um Kinder wirklich vor Mißhandlungen zu schützen, dazu bedarf es einer weitausgreifenden sozialen Tätigkeit, in der Gesellschaft und Regierung ineinandergreifen und gemeinschaftlich auf ein Ziel hinarbeiten, den Kinderschutz, den Schutz von Kindern, die mißhandelt werden, Verbrechen begehen, oder durch falsche Erziehung sittlich gefährdet sind. Zu einer solchen Tätigkeit sind aber die politischen und sozialen Bedingungen in Rußland gerade jetzt denkbar ungünstig. Es existiert hier schon lange eine „Gesellschaft zum Schutz von Kindern vor grausamer Behandlung.“ In den von der Regierung bestätigten Statuten dieser Gesellschaft ist gesagt, daß die Gesellschaft zu dem Zwecke besteht, um Kinder vor grausamer Behandlung, vor Exploitierung, vor lasterhaften und überhaupt schädlichen Einflüssen zu bewahren. Zu diesem Zweck kann sie mit einer jedesmal einzuholenden Erlaubnis der Polizei Asyle und Zufluchtsstätten für solche Kinder gründen, oder die Kinder vertrauenswürdigen Familien und einzelnen Personen zur Erziehung überlassen. Die Gesellschaft ernennt jedes Jahr bestimmte Personen, die eine Untersuchung führen dürfen in Fällen, wo ein Kind leidet oder sittlich gefährdet ist, und die dabei einen gewissen Beistand der Polizei beanspruchen können. Die Tätigkeit dieser Gesellschaft ist aber eine sehr bescheidene, denn erstens fehlt es ihr an Geld, da sie von der Regierung nicht unterstützt wird, sondern auf eigene und private Mittel, Spenden usw. angewiesen ist, zweitens sind ihre Rechte laut ihrer Statuten ganz unbestimmt. Es fehlt eine Bestimmung darüber, daß sittlich gefährdete Kinder von ihren Eltern fortgenommen werden können, und daß die Eltern dann ihre elterliche Gewalt verlieren. Nach dem Gesetze verliert bei uns ein Vater sein Vaterrecht, den Anspruch auf sein Kind nur bei Begehung eines schweren Verbrechens, das den Verlust aller bürgerlichen Rechte nach sich zieht. Bis dahin hat der Vater die Gewalt über sein Kind und das Kind kann ihm, selbst wenn er noch so lasterhaft, wenn er ein professioneller Dieb, Betrüger oder Vagabund ist, nicht fortgenommen werden, denn derartige Verbrechen und Vergehen ziehen bei uns nicht den Verlust aller, sondern höchstens den einiger Rechte nach sich. Hier stoßen wir auf einen großen Mangel unseres Gesetzes. In Deutschland verwirkt der Vater die elterliche Gewalt schon, wenn er wegen eines an dem Kinde verübten Verbrechens, also z. B. wegen Mißhandlung des Kindes zu einer Gefängnishaft von länger als sechs Monaten verurteilt wird, und das Kind wird dann dem Vater entzogen und erhält einen Vormund zur Erziehung. In Frankreich verliert der Vater die elterliche Gewalt nicht bloß in diesen Fällen, sondern überhaupt dann, wenn er infolge lasterhaften Lebens die Erziehung des Kindes vernachlässigt, und so das Kind sittlich gefährdet wird. Das Gericht entzieht ihm dann die elterliche Gewalt und gibt dem Kinde einen Vormund. In England werden verlassene, bettelnde, vagabundierende, obdachlose Kinder, Kinder, die in Gesellschaft von Prostituierten und Dieben oder Verbrechern gefunden werden, endlich auch Kinder, die so schwer zu erziehen sind, daß Eltern und Schule mit ihnen nicht fertig werden, den Eltern entzogen und zur Zwangserziehung in besondere Schulen, industrial schools, abgegeben. Die Eltern können in England das Recht auf Erziehung der Kinder nur dann wieder erhalten, wenn sie beweisen, daß sie sich selbst so weit gebessert haben, daß eine anständige Erziehung möglich ist, oder überhaupt Bedingungen eingetreten sind, die eine solche Erziehung möglich machen. Auch in Deutschland gibt es Zwangserziehung für sittlich gefährdete Kinder, wie z. B. in dem bekannten „Rauhen Hause“ bei Hamburg. Was nun das russische Gesetz anbetrifft, so hat das Strafgesetzbuch den § 1588, welcher sagt, daß die Eltern für böswillig unsittlichen Einfluß auf ihre Kinder, und für die Begünstigung von Lastern ihrer Kinder, ihre elterliche Gewalt verlieren können. Dieser Paragraph ist zunächst nach seinem Text höchst unvollkommen, denn es ist nicht klar, was er eigentlich im Auge hat, sodann kommt er in Wirklichkeit nie in Anwendung und existiert lediglich auf dem Papier. Käme er zur Anwendung, so wäre es zunächst ganz unklar, was eigentlich mit dem Kinde, das seinen Eltern entzogen wird, zu tun sei. In Rußland existieren zwar Anstalten zur Zwangserziehung, doch sind sie nicht für sittlich gefährdete

Kinder bestimmt, sondern lediglich für Kinder, die schon ein Verbrechen begangen haben und gerichtlich verurteilt sind, bei denen es also schon zu spät ist. Und auch zu diesem Zwecke gibt es solcher Anstalten viel zu wenig. Für ganz Rußland gibt es ihrer nur 53, und in ihnen können nicht mehr als 1700 verbrecherische Kinder untergebracht werden, alle übrigen werden in gewöhnlichen Gefängnissen untergebracht, die für Jugenderziehung gar nicht eingerichtet sind. In solchen Gefängnissen befinden sich in Rußland jährlich etwa 4000 Kinder im Alter von 10 bis 17 Jahren, und verderben dort endgültig in Gesellschaft erwachsener Verbrecher, ohne jede geregelte Erziehung. Hierzu kommt aber eine Erscheinung, die noch bedenklicher ist. Wird in Rußland ein Erwachsener für ein Verbrechen zur Gefängnishaft verurteilt, so bleibt sein Kind oft ohne Eltern und Erzieher. Anstalten, die ein elternloses Kind aufnehmen können, gibt es gar nicht oder zu wenig, und das Kind wird dann häufig für die Zeit, da seine Eltern im Gefängnis sind, ebenfalls im Gefängnis untergebracht, weil man nicht weiß, wo man mit ihm hin soll, denn auf der Straße obdachlos kann man es nicht lassen. Solcher Kinder befinden sich in den Gefängnissen Rußlands etwa 3000. Dazu kommt aber noch die ungeheuer große Anzahl der Kinder, die auch gar keine Verbrechen begangen haben, aber verwahrlost sind und von ihren Eltern vernachlässigt oder ganz verlassen werden. Diese Kinderschar bildet für Staat und Gesellschaft eine große Gefahr, denn aus ihr in erster Linie rekrutiert sich die Verbrecherwelt. Die allermeisten professionellen Verbrecher sind in ihrer Jugend verwahrloste Kinder gewesen, und die Verantwortung für das Verbrechen müssen daher zum großen Teile der Staat und die Gesellschaft selbst tragen, die beide verpflichtet sind, die Erziehung verwahrloster Kinder zu übernehmen, und dieses nicht tun. Das Verbrechen ist in erster Linie eine soziale Erscheinung und nur als solche zu verstehen. Die alte Lehre von dem „bösen Willen“ des Verbrechers, der durch strenge oder grausame Strafen „gebrochen“ werden soll, hat sich überlebt. Es muß dabei betont werden, daß die Erziehung des Kindes keineswegs eine Privatsache der Eltern ist, sondern in den Fällen, wo diese Pflicht von den Eltern nicht erfüllt wird, dem Staat und der Gesellschaft obliegt, und in allen diesen Fällen muß den Eltern die elterliche Gewalt entzogen werden. Bei uns ist das nicht möglich, und darum kann auch die schon genannte Gesellschaft bei uns nicht normal tätig sein, weil sie keine gesetzlichen Mittel und Wege hat, um die Kinder lasterhaften oder sittlich rohen Eltern zu entziehen. Die Zwangserziehungsanstalten können bei uns nur solche Kinder aufnehmen, die bereits Verbrechen begangen haben, für Kinder, die erst auf dem Wege zum Verbrechen und sittlich gefährdet sind, ist bei uns bis jetzt nichts getan. Diese Kinder werden ihrem Schicksal überlassen, obgleich gerade sie des sozialen Schutzes ganz besonders bedürfen, denn hier gilt es zu retten; hat ein Kind ein Verbrechen schon begangen, so ist es für ein Eingreifen der Staatsgewalt in der Regel schon zu spät. Nach den russischen Gesetzen haben die Eltern über ihre Kinder eine viel zu große Gewalt. Auf welch naivem Standpunkt dabei das Gesetz steht, beweist folgende Vorschrift des bürgerlichen Gesetzbuchs. „Die Eltern haben kein Recht auf das Leben des Kindes und werden für die Tötung des Kindes nach den Kriminalgesetzen bestraft.“ Als ob das nicht selbstverständlich wäre, und als ob derartige Vorschriften in die bürgerlichen Gesetze gehörten! Wer zwischen den Zeilen zu lesen versteht, der liest aus diesem Gesetze den Gedanken heraus, daß die Staatsgewalt, solange ein Kind nicht getötet ist, sich gar nicht oder nur sehr selten einmischen darf; und daß dieses der heimliche, nirgends deutlich ausgesprochene Grundgedanke des Gesetzgebers ist, beweist auch noch folgende Vorschrift. „Eltern können ihre Kinder nicht zu einer ungesetzlichen Handlung oder zur Teilnahme an einer solchen zwingen. Die Kinder werden in diesem Falle von der Pflicht des Gehorsams befreit.“ Wie nun, wenn Kinder von ihren Eltern zum Diebstahl, zum Betteln, zum Vagabundieren verleitet werden? Sie haben das Recht, in diesem Falle nicht zu gehorchen. Aber niemand schützt diese Kinder, niemand hat das Recht, sie den Eltern fortzunehmen; sie bleiben bei den Eltern, und diese behalten ihre volle elterliche Gewalt. Wenn dazu bemerkt wird, daß die Kinder „das Recht“ haben ihren Eltern nicht zu gehorchen, also z. B. das Recht nicht zu stehlen, wenn sie zum Stehlen angeleitet werden, so klingt das wie Hohn. Derartige Gesetze sind nicht nur als fehlerhaft und unvollkommen, sondern als gänzlich unbrauchbar zu bezeichnen. Diese Gesetze sind aus dem Schoße des alten Polizeistaates geboren, und es liegt im Wesen dieses Staates, daß es immer einerseits viel zu viel, andererseits viel zu wenig Rechte gibt, aber nie das richtige trifft.

Somit ist die elterliche Gewalt nach unseren Gesetzen eine überaus große und schließt ein weitgehendes Züchtigungsrecht ein. Dieses Züchtigungsrecht haben aber nur die Eltern, sowohl die natürlichen, wie die Adoptiveltern, oder bei einem Waisenkinde der offiziell ernannte Vormund, denn da diesem nach dem Gesetze die Rechte der Eltern verliehen werden und er das Kind erziehen muß, so hat er damit das Recht auf alle bei einer Erziehung notwendigen oder erlaubten Maßregeln, also auch auf körperliche Züchtigung. Lehrer dagegen, und überhaupt Erzieher, die weder Eltern noch Vormünder sind, haben dieses Recht nicht, auch dann nicht, wenn ein Kind in einer Schule oder Erziehungsanstalt ganz und gar lebt, wenn es in Pension gegeben ist. Die Leiter derartiger Anstalten können sich, wenn sie eine körperliche Züchtigung des Kindes für notwendig halten, nur mit den Eltern und Vormündern in Verbindung setzen und ihnen eine körperliche Züchtigung des Kindes anempfehlen, aber keineswegs sie selbst ausüben. Dieses muß deshalb betont werden, weil nach den Gesetzen Deutschlands alle Lehrer und Lehrerinnen das Recht einer mäßigen körperlichen Züchtigung der Schulkinder haben. Wird dort ein Lehrer vom Gericht wegen körperlicher Züchtigung eines Schulkindes angeklagt, so entscheidet das Gericht nur die Frage, ob der Lehrer bei der Züchtigung das ihm vorgeschriebene Maß überschritten hat oder nicht, eine Entscheidung, die immer sehr schwierig ist, und gewöhnlich in den verschiedensten Kreisen Widerspruch und Kritik herausfordert. Das Recht der Züchtigung an und für sich muß aber das Gericht dem Lehrer zugestehen. Im Gegensatz hierzu muß bemerkt werden, daß es in den Schulen Rußlands, auch in den Volksschulen, kein Züchtigungsrecht gibt, und jeder, der es hier ausübt, sich eines Vergehens schuldig macht, seine Rechte überschreitet. Von rechtlichem Standpunkte ist eine unerlaubte körperliche Züchtigung zunächst als eine tätliche Beleidigung des Kindes anzusehen. Da Kinder aber vom Gerichte in Anbetracht ihrer Unmündigkeit keine Klagen anhängig machen können, so steht dieses Recht den Eltern zu. Diese könnten also den betreffenden Lehrer wegen Beleidigung ihres Kindes verklagen. Einer solchen Klage würde aber in den meisten Fällen ein großes Hindernis entgegenstehen. Die meisten Lehrer und auch viele Lehrerinnen sind als staatlich angestellte Beamte anzusehen. Die körperliche Züchtigung ist also in diesem Falle das Vergehen eines Beamten bei Ausübung seiner Dienstpflicht. Für ein derartiges Vergehen kann aber ein Beamter in Rußland nur mit Einwilligung seiner Obrigkeit verantwortlich gemacht werden. In diesem Falle müßte also das Ministerium der Volksbildung, zu dessen Ressort die meisten Lehrer gehören, die Kriminalklage gegen den Lehrer erst genehmigen. Ob das geschieht, ist mehr als zweifelhaft, aber selbst wenn dieses geschieht, ist der Prozeß gegen einen Beamten sehr langwierig und mühsam, da er nach einer besonderen Prozeßordnung geht und ganz anders ist, wie bei gewöhnlichen Sterblichen. Man muß daher sagen, daß, obgleich ein gerichtliches Vorgehen gegen einen Lehrer in diesem Falle wenig Aussicht auf Erfolg hat, trotzdem die körperliche Züchtigung in den Schulen Rußlands nicht gestattet ist.

8. Die Vormundschaft.

Die Eltern haben das Recht, das Vermögen der Kinder zu verwalten. In den allermeisten Fällen besitzen die Kinder gar kein besonderes Vermögen, sondern leben von den Mitteln ihrer Eltern. Möglich ist aber der Fall, daß ein Kind sein besonderes Vermögen besitzt, so wenn einem Kinde durch Erbschaft laut Testament ein Vermögen zufällt. In diesem Falle wird der Vater oder die Mutter des Kindes zum Vormund, wozu sie einer offiziellen Bestätigung bedürfen, und sie verwalten dann das Vermögen der Kinder und haben in bezug auf dieses Vermögen die Rechte und Pflichten eines Vormunds. Weigern sich die Eltern, die Verwaltung des Vermögens zu übernehmen, so kann sie einem fremden Vormund überlassen werden. Doch muß dieser sich dann auf die Vermögensverwaltung beschränken; die elterliche Gewalt gehört nach wie vor den Eltern. Für gewöhnlich wird ein Vormund aber nur dann ernannt, wenn ein Kind weder Vater noch Mutter hat, wenn es verwaist. In diesem Falle müssen die Stadtverwaltung, der Geistliche der betreffenden Gemeinde, die Polizei, die Behörden, die Verwandten und Bekannten des Kindes der Vormundschaftsbehörde davon Mitteilung machen, und diese Behörden ernennen dann von sich auch einen Vormund über das Kind. Solcher Vormundschaftsbehörden gibt es in Rußland zwei. Das Adelsvormundschaftsgericht für alle Adligen und das Waisengericht für alle nicht Adligen, außer Bauern. Für Bauern gibt es überhaupt keine besondere Vormundschaftsbehörden, sondern hier wird ein Vormund von der Dorfgemeinde ernannt. Diese Verschiedenheit ist darin begründet, daß das ganze Staatswesen in Rußland noch nach dem alten Ständeprinzip eingerichtet ist. Es werden drei Stände unterschieden, der Adel, das Bürgertum (Bourgeoisie, dritter Stand) und die Bauern. Alle diese Stände haben verschiedene Einrichtungen und Rechte. Ein allgemeines, gleiches Recht für alle existiert in Rußland noch nicht. Eine der genannten Vormundschaftsbehörden ernennt also den Vormund. Zu einem Vormund kann jeder Mensch ernannt werden, der sittlich einwandfrei ist, der keine Laster hat, keine Verbrechen begangen hat und nicht bankrott ist. Vormünder können sowohl Frauen wie Männer sein. Die Vormundschaft ist in Rußland keine unbedingte Pflicht. Jeder, der zum Vormund ernannt wird, hat das Recht, sich zu weigern, sogar ohne Angabe eines Grundes. Die Behörde ernennt in diesem Falle einen anderen zum Vormund, und oft genug haben die Behörden große Mühe, einen Vormund zu finden, ja ausgeschlossen ist der Fall nicht, daß sich für ein Kind überhaupt kein Vormund findet. Die Anzahl der Vormünder ist unbestimmt und es können ihrer mehrere sein. Hat der Mündel ein beträchtliches Vermögen, so empfiehlt es sich, mindestens zwei Vormünder zu ernennen, den einen zur Verwaltung des Vermögens, den anderen zur Erziehung, zumal diese beiden Funktionen verschiedene Veranlagung voraussetzen, pädagogische und geschäftliche, die selten in einer Person vorhanden sind. Wer ein sehr guter Erzieher ist, versteht vielleicht von der Verwaltung eines Vermögens wenig und umgekehrt. Sind die Funktionen der Vormünder derartig geteilt, so muß das jedesmal von der Vormundschaftsbehörde genau vorgeschrieben sein, und dann kann jeder Vormund in dem ihm zugewiesenen Umfang, der eine als Erzieher, der andere als Vermögensverwalter, ganz selbständig wirken. Für gewöhnlich wird der Vormund sowohl zur Erziehung, wie auch Vermögensverwaltung ernannt, und wenn solcher Vormünder mehrere sind, so bilden sie ein Kollegium und jede rechtliche Handlung muß von ihnen gemeinschaftlich unternommen werden, sonst ist sie ungültig. Der Vormund hat den Mündel zunächst zu erziehen. Das Gesetz betont dabei besonders die religiöse Erziehung, verlangt, daß der Mündel in der „Furcht Gottes" erzogen werde und „in der Erkenntnis des Glaubens, in dem er geboren ist." Kann der Vormund den Mündel nicht bei sich haben, so hat er ihn in eine Schule, eine Anstalt, oder in die Lehre zur Erlernung irgendeines Handwerks abzugeben. Die Art und Weise der Erziehung muß natürlich dem Vormund überlassen werden; genaue Vorschriften lassen sich hier nicht geben, und wenn das russische Gesetz auch hier den Versuch macht, der Erziehung eine ausgesprochen religiöse Richtung zu geben, so ist das ein Mißverständnis, welches auf der schon mehrfach erwähnten, für unser Gesetz so charakteristischen Vermischung von Recht und Ethik beruht. Die Erziehung richtet sich natürlich nach der sozialen Stellung des Mündels, sodann aber auch nach seinen Vermögensverhältnissen; ein reiches Kind wird anders erzogen werden müssen wie ein armes. Die zweite Pflicht des Vormunds ist nächst der Erziehung die der Vermögensverwaltung. Ist der Vormund von der Vormundschaftsbehörde ernannt, so hat er zunächst mit einem Mitgliede der Vormundschaftsbehörde zusammen ein genaues Inventar über das ganze Vermögen des Mündels aufzustellen. Ein Exemplar dieses vom Vormunde und von dem Mitgliede der Vormundschaftsbehörde unterzeichneten Inventars bleibt in der Behörde, das andere behält der Vormund. Im Inventar muß das ganze Vermögen des Mündels Geld, Wertpapiere, Mobiliar, Immobilien, Land und Häuser, ganz genau verzeichnet sein. Das ganze Bemühen des Vormundes muß darauf gerichtet sein, die Einkünfte des Vermögens zu erhöhen. Zu diesem Zwecke kann er die Kapitalien des Mündels anlegen in Handels- und Aktienunternehmungen, kann sie an Privatpersonen gegen Prozente verleihen, in Privatbanken oder in der Staatsbank in irgendeiner Weise anlegen oder endlich dafür verschiedene Wertpapiere kaufen. In der Praxis ist es jedem Vormund dringend anzuempfehlen das Vermögen des Mündels, soweit es nicht in Land und Häusern besteht, nur in der Staatsbank oder in staatlichen Unternehmungen anzulegen, nicht aber in Privatunternehmungen, so verlockend diese auch scheinen. Das Gesetz sagt, daß der Vormund für jeden Schaden, den er dem Vermögen des Mündels zufügt, haftet, wenn er „unvorsichtig oder böswillig" handelt. Der Begriff „Böswilligkeit" ist ziemlich klar, der Begriff „Unvorsichtigkeit" dagegen sehr weit und dehnbar. Streng genommen ist es überhaupt immer eine Unvorsichtigkeit, wenn das Geld des Mündels in Privatunternehmungen angelegt wird, da kein einziges Privatunternehmen vor dem Bankrott geschützt ist, und falls ein solcher eintritt und der Mündel sein Vermögen verliert, so kann man die Schuld daran in den meisten Fällen dem Vormund zuschieben und ihn als „unvorsichtig" betrachten. Wird eine solche Unvorsichtigkeit vom Gericht konstatiert, so haftet der Vormund für den ganzen Schaden mit seinem eigenen Vermögen. Geben die Vermögensverhältnisse des Mündels Anlaß zu gerichtlichen Prozessen, so hat der Vormund alle diese Prozesse zu führen, oder kann mit deren Führung einen Advokaten betrauen. Der Vormund kann dabei sowohl als Beklagter wie als Kläger auftreten. Jedem Vormund ist es anzuempfehlen, in Fällen, die schwierig und kompliziert erscheinen, erst die Erlaubnis der Vormundschaftsbehörde einzuholen, bevor er in diesen Fällen selbst handelt. Nach Verlauf eines jeden Jahres, im Januar, muß der Vormund der Behörde eine genaue Abrechnung vorlegen über die das Vermögen des Mündels betreffenden Ausgaben und Einnahmen, über Erziehung und Unterhalt des Mündels und über den ganzen Geschäftsgang bei Verwaltung des Vermögens. Die Behörde hat diese Abrechnung genau zu kontrollieren, und wenn sie dabei entdeckt, daß der Vormund böswillig, unvorsichtig oder nachlässig ist, so hat sie ihn abzusetzen und an seine Stelle einen anderen Vormund einzusetzen. Dieser andere muß dann von dem abgesetzten Schadensersatz verlangen, und, wenn nötig, ihn gerichtlich belangen und auf Schadensersatz dringen. Für seine Mühe kann der Vormund jedes Jahr von allen Einkünften des Mündels 5 % verlangen. Ist einer der Eltern zum Vormund seines eigenen Kindes ernannt, so sind sämtliche Vorschriften über Vermögensverwaltung, die für den Vormund gelten, auch für ihn bindend. Die Eltern können mit ihrem eigenen Vermögen machen was sie wollen. In bezug auf das besondere Vermögen ihres Kindes unterliegen sie voll und ganz der Kontrolle der Vormundschaftsbehörde. Jeder der Eltern kann für den Todesfall in seinem Testament einen Vormund oder auch mehrere für sein Kind ernennen. Die Behörde ist dann verpflichtet, die genannten Personen zu Vormündern zu wählen, und nur, wenn diese sich weigern oder nicht mehr am Leben sind, kann sie andere Personen ernennen.

Die Periode der Minderjährigkeit dauert bis zur Vollendung des 21. Lebensjahres. Hierbei sind zwei Perioden von praktischer Wichtigkeit, nämlich bis zu 17 Jahren und von 17 bis zu 21 Jahren. Bis zu 17 Jahren hat der Minderjährige einen Vormund, von 17 bis 21 Jahren hat er einen Kurator. Für die Wahl und Ernennung eines Kurators, für seine Pflichten und Rechte gilt alles, was vom Vormunde gesagt ist, und in Wirklichkeit wird in den meisten Fällen gar kein besonderer Kurator ernannt, sondern der Vormund einfach zum Kurator gemacht. Bis zu 17 Jahren ist der Minderjährige gänzlich unmündig, von 17 Jahren an kann er mit Erlaubnis seines

Kurators rechtliche Handlungen ausführen, kann Wechsel, Schuldscheine, Dokumente ausstellen, Verpflichtungen eingehen, aber immer nur mit der schriftlichen Erlaubnis des Kurators. Auf jedem Schuldschein eines solchen Minderjährigen muß die Unterschrift des Kurators sein. Fehlt sie, so ist der Schuldschein ganz ungültig. Diese Vorschrift ist sehr wichtig. In Wirklichkeit kann man es einem Menschen nicht ansehen, ob er 21 oder 20 Jahre alt ist. Nicht selten ist der Fall, daß jemand einem Minderjährigen Geld leiht oder mit ihm ein anderes Rechtsgeschäft abschließt, und erst nachher, wenn es zu spät ist, erfährt, daß der betreffende minderjährig ist. Er verliert dann sein Geld regelmäßig, denn kein Gericht erkennt den Schuldschein eines Minderjährigen an, der ohne Einwilligung seines Kurators ausgestellt ist. Dieses gilt jedoch nur für das bürgerliche Recht. Hat der Minderjährige hierbei betrügerisch gehandelt, hat er die Tatsache seiner Minderjährigkeit absichtlich verheimlicht, um dadurch in den Besitz fremden Geldes zu gelangen, oder hat er gar auf die Frage, wie alt er ist, absichtlich eine falsche Antwort gegeben, so kann er für Betrug mit Gefängnishaft bestraft werden, denn nach den Gesetzen des Strafrechts kann ein Minderjähriger für ein Verbrechen schon mit zehn Jahren zu einer Strafe oder zur Zwangserziehung verurteilt werden. Mit 21 Jahren tritt die Mündigkeit ein. Das Vermögen wird dann dem Besitzer auf seinen Wunsch ausgeliefert, und er verwaltet es ganz allein. In Wirklichkeit ist es oft gefährlich, einem 21jährigen jungen Menschen ein Vermögen auszuliefern. Aber das Gesetz kann auf individuelle einzelne Fälle keine Rücksicht nehmen und kann nur einen Termin für alle ohne Ausnahme anerkennen. Verschwendet jemand sein Vermögen in unsinniger Weise, liegt die ernste Gefahr vor, daß ein Vermögen durch Nachlässigkeit oder Liederlichkeit seines Besitzers verloren geht, so gibt es dagegen, wenn dieser Besitzer volljährig ist, nur ein Mittel. Das Recht der Vermögensverwaltung wird ihm entzogen und einem Vormund überlassen. Auf Antrag des Gouverneurs der betreffenden Provinz setzen dann die Standeskorporationen, zu denen der Verschwender gehört, also z. B.

die Adels- und Kaufmannsgesellschaften, einen Vormund über das Vermögen des Verschwenders ein. Ein solcher Vormund hat dann nur das Vermögen zu verwalten. Von einer Erziehung des Bevormundeten kann natürlich nicht mehr die Rede sein. Es liegt in der Natur der Sache, daß derartige Fälle sehr selten sind. Die ganze Prozedur hat auch nur einen Zweck bei einem sehr großen Vermögen, denn kleinere Vermögen sind gewöhnlich schon ganz oder zum größten Teil verschwendet, bevor der Vormund eingesetzt ist. Ein Vormund kann auch einem Geisteskranken oder Taubstummen gegeben werden. In diesem Falle ist es Sache der Gouvernementsverwaltung, die Notwendigkeit einer Vormundschaft zu konstatieren und bei den Vormundschaftsbehörden um Einsetzung eines Vormunds anzutragen. Endlich kann ein Vormund ernannt werden über das Vermögen eines Verstorbenen, zum Schutze dieses Vermögens bis zu seiner Annahme durch die Erben.

9. Uneheliche Kinder.

Kinder können ehelich und unehelich sein. Als unehelich sind anzusehen erstens alle Kinder einer unverheirateten Frau, zweitens alle durch Ehebruch erzeugten Kinder in den Fällen, wo dieses gerichtlich bewiesen ist, und drittens Kinder, die geboren werden nach dem Tode des Mannes ihrer Mutter, nach der Scheidung der Ehe oder deren Nichtigkeitserklärung, wenn von diesen Terminen an mehr als 306 Tage vergangen sind. Sind weniger als 306 Tage vergangen, so wird immer vorausgesetzt, daß das Kind ein eheliches ist. Ist aber die Scheidung einer Ehe erfolgt wegen physischen Unvermögens zur Ehegemeinschaft eines oder beider Gatten, so sind die Kinder in jedem Falle als unehelich anzusehen, auch wenn sie in der Ehe geboren sind. Mit dieser einzigen Ausnahme wird aber jedes Kind, das in der Ehe geboren ist, als ehelich betrachtet; auch wenn es nach den Naturgesetzen viel zu früh geboren ist, z. B. einen Monat nach der Trauung. Die Ehelichkeit eines in der Ehe geborenen Kindes ausstreiten kann nur der Mann der Mutter und nur unter folgenden Bedingungen. Er muß seine Klage auf Anerkennung der Unehelichkeit des Kindes im Verlaufe eines Jahres nach der Geburt des Kindes, nicht später, anstrengen. Hat seine Frau die Geburt des Kindes vor ihm verborgen, so wird die Jahresfrist von dem Tage gerechnet, an dem der Vater von dieser Geburt erfuhr. War er zur Zeit der Geburt im Auslande, so wird diese Frist auf zwei Jahre verlängert. Der Mann muß in diesem Falle den klaren Beweis führen, daß er zu der Zeit, wo die Empfängnis stattfand oder stattgefunden haben kann, von seiner Frau ganz getrennt lebte, das heißt, daß er sie in dieser Zeitperiode überhaupt nicht gesehen und sich nirgends mit ihr getroffen hat. Nur in diesem Falle kann das Gericht der Klage stattgeben und das Kind für unehelich erklären. Stirbt der Mann vor Ablauf der genannten Jahresfrist, so können seine gesetzlichen Erben, also z. B. seine Brüder und Schwestern, seine Söhne oder Töchter die Klage auf Unehelichkeit im Gerichte führen, jedoch muß die Klage in diesem Falle binnen dreier Monate nach dem Tode des Mannes angemeldet werden und außerdem muß bewiesen werden, daß der Mann selbst von der Geburt dieses Kindes nichts gewußt hat. Man sieht also, dem Klagerecht auf Unehelichkeit sind sehr enge Grenzen gezogen, und mit Recht, denn es handelt sich darum, das Familienleben vor Klagen und Verdächtigungen, und vor allen Dingen vor den Eingriffen Fremder und Unberufener nach Möglichkeit zu schützen. Darum die kurzen Fristen, darum die sehr beschränkte Beweisführung. Die gesetzlichen Erben des Mannes dürfen die Klage nur deshalb führen, weil ein für unehelich erklärtes Kind kein Erbrecht nach dem Tode des Mannes seiner Mutter hat, und das Vermögen, das dieses Kind nach dem Tode des Mannes erben könnte, dann den übrigen Verwandten zufällt. Es handelt sich hier also oft um eine ernste Vermögensfrage.

Die elterliche Gewalt über ein uneheliches Kind gehört der Mutter. Der Vater hat keine elterliche Gewalt, aber trotzdem bestimmte Rechte. Wenn er dem Kinde den Lebensunterhalt gewährt, so hat er, wie das Gesetz sagt, „das Recht der Aufsicht über die Pflege und Erziehung des Kindes.“ Er hat also das Recht, das Kind regelmäßig zu sehen. Sind Vater und Mutter über die Erziehung des Kindes uneinig, so entscheidet darüber die Vormundschaftsbehörde. Braucht das Kind einen Vormund, so ist die Behörde verpflichtet, den Vater zum Vormund des Kindes zu ernennen, es sei denn, daß ernste Gründe sittlicher Art dagegen sprechen. Diese Rechte hat aber der Vater nur dann, wenn er aus seinen Mitteln den Lebensunterhalt für das Kind gewährt. Tut er dieses nicht, so hat er überhaupt keine Rechte und darf sich in die Frage der Erziehung gar nicht einmischen. Verweigert der Vater dem Kinde den Lebensunterhalt, so kann die Mutter gegen ihn gerichtlich klagbar werden. Der Vater ist zunächst verpflichtet, der Mutter alle Unkosten zu ersetzen, die die Geburt selbst verursacht, ärztliche Pflege, Aufenthalt im Krankenhaus und Arbeitsunfähigkeit vor und nach der Geburt. Eine derartige Klage kann im Gericht aber nur ein Jahr nach der Geburt eingereicht werden. Für die Alimentenklage selbst gibt es dagegen keine bestimmte Frist. Der Vater wird vom Gericht verurteilt, dem Kinde die für den Lebensunterhalt notwendige Summe in monatlichen Zahlungen zu gewähren bis zur Volljährigkeit des Kindes, oder wenigstens so lange bis das Kind imstande ist, von seiner eigenen Arbeit zu leben, oder wenn es eine Tochter ist, bis es in die Ehe tritt, aber in keinem Falle länger als bis zur Vollendung des 21. Lebensjahres. Die Höhe der Alimentenzahlung richtet sich nach der sozialen Stellung der Mutter, nicht nach der des Vaters. Ist z. B. die Mutter ein Dienstmädchen, und der Vater ein vornehmer reicher Mann, so richtet sich die Summe der Alimente nach der sozialen Stellung eines Dienstmädchens. Anstatt jeden Monat Zahlungen zu entrichten, kann der Vater die Mutter durch einmalige Zahlung eines entsprechenden Kapitals abfinden. Die Übereinkunft wird entweder vor Gericht während des Alimentenprozesses abgeschlossen, oder auch ohne Gericht, dann aber bedarf sie der Bestätigung durch die Vormundschaftsbehörde, und diese Behörde hat dann auch dafür zu sorgen, daß mit dem Gelde von der Mutter kein Mißbrauch getrieben wird. Zu diesem Zwecke kann die Vormundschaftsbehörde das Geld in Verwahrung nehmen und die Ausgaben für die Erziehung des Kindes genau überwachen. Leugnet der Beklagte im Gericht, daß er der Vater des Kindes ist, so hat die Mutter dieses zu beweisen. Als Beweis können Zeugen, Briefe und jede Art Schriftstücke gelten. Die Gerichte sind in der Beurteilung dieser Beweise nicht sehr streng, jedenfalls lange nicht so streng wie die Konsistorien, und oft genügt ihnen schon eine Anspielung, da wo die Konsistorien schwere gewichtige Beweise verlangen. Gelingt es dem Beklagten zu beweisen, daß die Mutter zur Zeit der Empfängnis geschlechtlichen Verkehr mit zwei oder mehreren Männern gehabt hat, so muß sie mit ihrer Klage abgewiesen werden, denn dann wird der Beweis, daß der Beklagte der Vater des Kindes ist, unmöglich, und die Tatsache, auf der die ganze Klage beruht, bleibt unbewiesen. Von diesem Alimentenprozeß gilt, da er in den meisten Fällen im Bezirksgericht geführt werden muß, dasselbe, was schon von dem Alimentenprozeß zwischen Eheleuten bemerkt worden ist; er ist beschwerlich, mühsam und dauert sehr lange. Nur wenn sich die Mutter auf eine Zahlung von nicht mehr als vier Rubeln monatlich beschränkt, kann der Prozeß vor dem Friedensrichter geführt werden und geht dann viel schneller. Die Alimente, die die Mutter verlangt, sind für die Erziehung des Kindes bestimmt. Die Mutter selbst kann für sich persönlich nur dann Alimente verlangen, wenn die Pflege und Erziehung des Kindes sie an ihrer gewohnten Arbeit verhindert, und ihr den Erwerb, den sie vor der Geburt des Kindes hatte, unmöglich macht. Hier muß ein wichtiger Unterschied zwischen der Ehefrau und der unehelichen Mutter festgestellt werden. Der Ehemann muß seiner Frau den Lebensunterhalt auch dann gewähren, wenn die Frau kinderlos ist. Die Ehe an und für sich bedingt schon die Unterhaltspflicht, und daher kann eine kinderlose Ehefrau von ihrem Manne den Unterhalt verlangen, den sie nach der sozialen Stellung des Mannes zum Leben nötig hat; dabei setzt die Ehe voraus, daß die soziale Stellung der Ehegatten immer die gleiche ist. In zweifelhaften Fällen ist immer die soziale Stellung des Ehemannes maßgebend. Wenn ein den höchsten gesellschaftlichen Kreisen angehöriger Mann ein Dienstmädchen heiratet, so muß er ihm den Lebensunterhalt nicht nach der sozialen Stellung eines Dienstmädchens, sondern nach seiner eigenen sozialen Stellung gewähren, auch dann, wenn seine Frau kinderlos bleibt. Demgegenüber muß betont werden, daß die uneheliche Gemeinschaft, das Verhältnis, das Konkubinat, die wilde Ehe, oder wie man es sonst nennen mag, an und für sich gar kein Recht auf Alimente gibt. Die Konkubine hat dieses Recht nur, wenn sie Mutter und weil sie Mutter ist, und auch dann immer nur nach ihrer eigenen sozialen Stellung. Ihre sonstigen Beziehungen zu dem Vater des Kindes bleiben ohne rechtliche Folgen, und können im praktischen Leben wohl Anlaß zur sittlichen, ethischen, nicht aber rechtlichen Verpflichtungen geben. Die Klägerinnen in den russischen Gerichten gehören zum allergrößten Teil den ungebildeten Ständen an; sie sind Bäuerinnen, Dienstmädchen, Fabrikarbeiterinnen usw. In diesem Falle ist die Alimentenzahlung eine sehr bescheidene und beträgt etwa fünf Rubel monatlich. In Wirklichkeit kann aber auch diese Summe oft nicht eingetrieben werden, da viele uneheliche Väter gar nichts besitzen, und ein mit vieler Mühe zu Ende geführter Prozeß erweist sich dann als ganz zwecklos. Eine Klägerin aus gebildeten Kreisen ist selten. In solchen Kreisen einigen sich die Mutter und der Vater gewöhnlich gütlich, da für sie ein Prozeß in jedem Falle peinlich ist, und sowohl für die Mutter wie für den Vater zu einer gesellschaftlichen Blamage werden kann. Was den Namen des unehelichen Kindes anbetrifft, so muß hier nach russischen Gesetzen der Vor-, Vaters- und Familienname unterschieden werden. Den Vornamen gibt ihm die Mutter bei der Taufe wie jedem anderen Kinde, den Vatersnamen kann es vom Vater nur mit dessen Einwilligung erhalten. Gibt er seine Einwilligung nicht, so erhält das Kind den Vatersnamen nach dem Vornamen seines Taufvaters. Den Familiennamen kann das Kind von der Mutter erhalten wenn sie damit einverstanden ist. Protestiert sie aber dagegen, so wird einfach der Vatersname zum Familiennamen gemacht. Ein solches Kind heißt dann etwa „Петръ Ивановъ Ивановъ“.

10. Findlinge.

Von dem unehelichen Kinde zu unterscheiden ist der Findling, ein Kind dessen Eltern unbekannt sind, also von seinen Eltern ausgesetzt oder verlassen ist. Der Findling ist nicht immer ein uneheliches Kind, denn in Wirklichkeit werden auch eheliche Kinder ausgesetzt, wenn auch selten. Nimmt jemand einen Findling zur Erziehung auf, so kann er das Kind, falls es noch nicht getauft ist, nach seiner Religion taufen lassen und ihm selbst den Vornamen geben, den Vaters- und Familiennamen erhält es nach dem Vornamen des Taufvaters. Nimmt das Kind niemand auf, so kommt es ins Findelhaus oder muß von den öffentlichen Wohltätigkeitsanstalten aufgenommen werden. Diese haben dann für einen Vormund zu sorgen, dessen Rechte und Pflichten schon erwähnt sind. Die Aussetzung eines Kindes ist immer ein Verbrechen, oder zum mindesten ein Vergehen. Die Strafe bemißt sich danach, wo und unter welchen Umständen das Kind ausgesetzt ist. Wird das Kind an einem Orte ausgesetzt, wo kein menschlicher Verkehr, oder nur ein sehr geringer ist, so ist die Aussetzung als eine böswillige anzusehen, da der Aussetzende in diesem Fall mit der Möglichkeit rechnet, daß das Kind von niemandem gefunden wird und umkommt oder auch den Tod des Kindes direkt beabsichtigt. Das gleiche gilt, wenn das Kind bei großer Kälte ausgesetzt wird, ohne gegen Kälte und Witterung genügend geschützt zu sein, und der Aussetzende sich dessen bewußt war. In diesem Falle wird die Aussetzung sehr streng, mit Zuchthaus von drei bis fünf Jahren bestraft. Wird das Kind dagegen an Orten ausgesetzt, wo regelrechter Verkehr war, wo es also von anderen Personen gefunden werden mußte, so wird die Aussetzung nur sehr milde, mit einem Arrest von höchstens drei Monaten bestraft. In diesem Falle ist die Aussetzung keine böswillige, und hat nur den Zweck, das Kind jemandem unterzuschieben, oder irgend jemandem zur Annahme des Kindes zu veranlassen, ein Zweck, der manchmal gelingt, öfters aber mißlingt. Mißlingt er, und wird die Mutter nicht aufgefunden, so kommt das Kind in das Findelhaus.

Es gibt in Rußland im ganzen zwei Findelhäuser, eins in Moskau, gegründet 1764, eins in Petersburg, gegründet 1770. Versuche, in verschiedenen Gouvernementsstädten Rußlands Findelhäuser zu gründen, mißlangen. Die beiden genannten Findelhäuser sind die größten der Welt, und in ihrer Art großartige Einrichtungen, so daß sie unsere besondere Beachtung verdienen. Früher konnte im Findelhaus jedes Kind ohne Ausnahme angenommen werden bei vollständiger Anonymität der Mutter und der Personen, die das Kind hinbrachten. Infolgedessen stieg die Anzahl der ausgesetzten Kinder bald ins Ungeheure; im Findelhaus war großer Platzmangel, die Kinder konnten nur oberflächlich und schlecht gepflegt werden, die Sterblichkeitsziffer war erschreckend groß, und es machte sich ein großer Mangel an Ammen fühlbar, so daß ein großer Teil der Kinder künstlich ernährt werden mußte, was auch noch zur Erhöhung der Sterblichkeitsziffer beitrug. Infolgedessen sah man sich bald genötigt die Annahme von Kindern wesentlich zu beschränken. Man begann Taufscheine der Kinder zu verlangen und einen persönlichen Ausweis von jedem, der ein Kind ins Findelhaus brachte. Außerdem traf man Maßregeln, um die Mütter der ausgesetzten Kinder als Ammen für das Findelhaus zu gewinnen, sie zum Stillen ihrer Kinder im Findelhaus zu verpflichten, um so einem der empfindlichsten Mängel, dem Mangel an Ammen zu steuern. In diesem Sinne wurden die Findelhäuser im Laufe der Zeit allmählich reformiert, und zurzeit gilt für sie das Statut vom 20. Juni 1894. Hiernach können in den Findelhäusern angenommen werden erstens uneheliche Kinder, die keine Mutter haben oder deren Mütter nicht imstande sind, ihre Kinder bei sich zu behalten, sei es, daß sie dazu nicht die Mittel haben, sei es, daß sie aus anderen Gründen die Geburt des Kindes verheimlichen müssen, und zweitens Findlinge, die von der Polizei dem Findelhause zugestellt werden. Bei der Aufnahme werden verlangt der Taufschein des Kindes, ein persönlicher Ausweis desjenigen, der das Kind hinbringt, und falls die Mutter tot ist, ein Totenschein der Mutter. Unter solchen Bedingungen werden Kinder unentgeltlich aufgenommen. Bei der Aufnahme des Kindes sind aber 25 Rubel zu entrichten, wenn der Taufschein in einem verschlossenen, versiegelten Kuvert vorgewiesen wird. Auf diesem Kuvert muß die Aufschrift des Priesters oder des betreffenden Geistlichen sein, der bescheinigt, daß das Kuvert den Taufschein enthält. Wer das Kind hinbringt, muß sich persönlich ausweisen. Wird das Kind ohne jede Dokumente und ganz anonym abgegeben, so kostet die Aufnahme 50 Rubel. Aber auch in diesem Fall muß eine Bescheinigung darüber vorgewiesen werden, daß die Geburt eine uneheliche ist, eine Bescheinigung, die der Geistliche, der Vorsteher einer Wohltätigkeitsanstalt, oder der Direktor einer Entbindungsanstalt ausstellen können. Was eheliche Kinder anbetrifft, so können sie nur angenommen werden, wenn durch Dokumente bewiesen wird, daß die Mutter gestorben ist, oder nicht stillen kann, und die Eltern nicht die Mittel haben, das Kind künstlich zu ernähren. Solche Bescheinigungen kann die örtliche Polizei ausstellen. Jeder, der ein Kind hinbringt, erhält eine Nummer, die er, wenn er das Kind zurückverlangt, mit seinem Passe vorweisen muß. Ist die Mutter bekannt und außerdem gesund, so wird sie verpflichtet, das Kind *selbst im Findelhause* zu stillen. Weigert sie sich, wird ihr das Kind zurückgegeben. Die Mutter erhält im Findelhause als Amme einen gewissen Gehalt und Beköstigung. Ist das Kind so weit, daß es nicht mehr gestillt zu werden braucht, so wird die Mutter mit dem Kinde aus dem Findelhause entlassen, und die Mutter erhält dann bis zum zweijährigen Alter des Kindes eine Unterstützung von 30 Kopeken täglich im Verlaufe des ersten Jahres und 20 Kopeken im Verlaufe des zweiten. Weigert sich die Mutter das Kind zu nehmen, so wird es einer Bauernfamilie zur Erziehung überlassen. Zu diesem Zweck dienen dem Findelhause viele Dörfer in bestimmten Rayons. Diese Dörfer sind alle in der Nähe der Eisenbahnen gelegen und das Findelhaus unterhält eine Anzahl von Ärzten, die die Zöglinge, wenn möglich, jeden Monat zu besuchen und ärztlich zu beaufsichtigen haben. In diesen Rayons haben die Findelhäuser über hundert Schulen, mehrere Asyle, für den Sommeraufenthalt von Kindern, verschiedene Krankenhäuser,

Lazarette und Asyle für kranke Kinder. Die Kinder lernen ein Handwerk, werden in Fabriken zur Arbeit oder bei Privatpersonen zur Lehre untergebracht. Wer in den erwähnten Rayons ein Findelkind zur Pflege annimmt, erhält bis zum zweijährigen Alter des Kindes 2 Rubel 50 Kopeken monatlich, von zwei bis fünf Jahren 2 Rubel, von fünf bis acht Jahren 1 Rubel 50 Kopeken, und von acht bis fünfzehn Jahren 1 Rubel monatlich. Will die Mutter das Kind zurückhaben, so kann sie es bis zum Alter von sieben Jahren umsonst zurückerhalten, wenn sie es selbst gestillt hat. Hat sie es nicht selbst gestillt, so kann sie es nur bis zum Alter von drei Jahren umsonst zurückverlangen. Kinder von drei bis sieben Jahren werden in diesem Falle nur zurückgegeben, wenn das Findelhaus 10 Rubel für jedes Jahr vom dreijährigen Alter an erhält. Ein Kind von über sieben Jahren wird überhaupt nur mit besonderer Erlaubnis des Findelhauses zurückgegeben und in jedem Falle nur für eine Zahlung von 10 Rubeln für jedes Jahr vom vierjährigen Alter an. Verwandte oder Fremde können das Kind nur mit Einwilligung der Mutter erhalten. Sind die Dokumente des Kindes in einem verschlossenen Kuvert vom Findelhaus übernommen, so erhält das Kind der Vorzeiger der Nummer. Von der Polizei zugestellte Findlinge werden ihren Eltern zurückgegeben, wenn es gelingt, diese Eltern aufzufinden. Von den Eltern wird dann eine Zahlung von 30 Rubeln erhoben für jedes Jahr, welches das Kind im Findelhause verbracht hat. Das Findelhaus unterhält jederzeit eine große Anzahl von Ammen, denen die Stillung der von ihren Müttern verlassenen Kinder obliegt, und außerdem hat das Findelhaus noch ein Ammenvermietungsbureau. Ungetauft angenommene Kinder werden im Findelhause getauft. Sie erhalten einen beliebigen Vornamen und den Vaters- und Familiennamen nach ihrem Taufvater. Als solcher kann jede beliebige bei der Taufe anwesende Person gelten. Beim Findelhaus existieren Schulen, ein Lehrerseminar, eine Schule für Wärterinnen, ein Krankenhaus und eine Apotheke. Die Mittel zum Unterhalt des Findelhauses gibt teils der kaiserliche Hof, teils die Steuer für öffentliche Vorstellungen und Vergnügungen und der Erlös vom Verkauf der Spielkarten.

Die Findelhäuser haben viele Feinde und sind in den meisten Staaten Westeuropas schon abgeschafft. Es werden gegen sie ernste und schwere Bedenken erhoben. Man weist darauf hin, daß die Sterblichkeitsziffer meist eine erschreckend große ist, und daß außerdem die Findelhäuser einen nachteiligen, unsittlichen Einfluß auf das gesellschaftliche und soziale Leben haben, indem sie die Aussetzung von Kindern, die Trennung von Mutter und Kind begünstigen und dadurch das normale Familienleben lockern und auflösen. Man weist auf den großen Prozentsatz von Verbrechern unter den Findlingen hin, auf die unnormalen Bedingungen, unter denen der Findling aufwächst, ohne Mutter, bei fremden Leuten, in den meisten Fällen einsam und verlassen, was zur Folge hat, daß aus dem Findling ein verbitterter, gereizter Mensch wird, der sich zurückgesetzt fühlt, die Gesellschaft haßt und leicht zum Verbrecher wird. Als die Findelhäuser eingeführt wurden, hoffte man, daß infolgedessen eins der gefährlichsten und verbreitetsten Verbrechen, der Kindesmord, viel seltener werden würde. Diese Hoffnung hat sich als trügerisch erwiesen. Soweit wir beobachten können, hat die Anzahl der Kindesmorde nach Einführung der Findelhäuser nirgends abgenommen, vielleicht sogar zugenommen. Auch die Anzahl der Kindesaussetzungen außerhalb des Findelhauses scheint nirgends geringer geworden zu sein. Andererseits ist in Staaten, in denen es keine Findelhäuser gibt, wie z. B. in Deutschland, die Aussetzung von Kindern eine sehr seltene Erscheinung.

Viele der Illusionen, die man an die Existenz der Findelhäuser knüpfte, sind also nicht in Erfüllung gegangen. Es ist aber nicht richtig, hieraus den Schluß zu ziehen, daß in einem Lande wie Rußland das Findelhaus abgeschafft werden müßte. An den Vorwürfen, die gegen das Findelhaus erhoben werden, ist zwar viel Wahres, aber sie gelten zum großen Teil den Findelhäusern, wie sie früher waren, nicht, wie sie jetzt sind. Es ist gar nicht zu leugnen, daß das Statut vom Jahre 1894 viel Gutes getan und speziell die Sterblichkeitsziffer unter den Findelkindern bedeutend herabgesetzt hat. Besonders wohltätig erwies sich dabei die Maßregel, daß die meisten Mütter ihr Kind im Findelhause selbst stillen müssen, wohltätig sowohl in physischer Hinsicht für die Gesundheit der Kinder, als auch in moralischer Hinsicht für die Mütter selbst. Hier liegt ein Hinweis auf die Möglichkeit fernerer Reformen des Findelhauses. Man muß sich dabei zunächst ganz klar werden über die Pflichten, die Staat und Gesellschaft der Mutter und speziell der unehelichen Mutter gegenüber haben. Da ist dann zunächst zu bemerken, daß die Aussetzung von Kindern in jedem Falle verwerflich ist und nicht geduldet werden darf. Eine Mutter darf ihr Kind nicht verlassen, sei sie noch so krank, noch so arm und elend, sei die Geburt des Kindes noch so peinlich für sie. Die einzige Pflicht, die ihr gegenüber Staat und Gesellschaft haben, ist, sie zu unterstützen, ihr die Mittel zur Existenz, zur Pflege und Erziehung des Kindes zu verschaffen, keineswegs aber, die Aussetzung des Kindes zu begünstigen. Hierin besteht das Prinzip des Mutterschutzes, der das Ziel verfolgt, jede Mutter, insbesondere die uneheliche, vor, während und nach der Geburt zu unterstützen und die Idee der Mutterschaftsversicherung ins Leben zu rufen, durch die jede Mutter bei der Geburt vor Armut und Elend geschützt werden soll. Diese Prinzipien sind in den Kulturstaaten Europas zum Teil schon verwirklicht, die Idee des Mutterschutzes erfreut sich dort allgemeiner Anerkennung, und es herrscht gerade jetzt in dieser Frage eine rege Tätigkeit; jedes Jahr bringt neue und gute Resultate. Wenden wir uns nun zu unseren Findelhäusern, so sehen wir, daß gemäß den jetzt geltenden Statuten die meisten Kinder dort nicht mehr als ausgesetzte Kinder zu betrachten sind, da ja die Persönlichkeit ihrer Mutter genau bestimmt ist und die Mutter verpflichtet wird, ihr Kind dort selbst zu stillen. Auch hier ist also das Prinzip des Mutterschutzes zum Teil schon verwirklicht, und durch geeignete Reformen kann hier zweifellos noch viel erreicht werden. Die Findelhäuser sind in diesem Falle kein Institut zur Aufnahme ausgesetzter Kinder, sondern vielmehr ein Kinder- und Mutterheim. Was aber die anderen Kinder anbetrifft, deren Dokumente in einem Kuvert versiegelt sind, oder die ohne jegliche Dokumente, ganz anonym gegen eine Zahlung von 25 bis 50 Rubeln angenommen werden, so muß in bezug auf diese Kinder die Findelhäuser allerdings der Vorwurf treffen, daß sie die Aussetzung der Kinder begünstigen und einer Mutter die Möglichkeit verschaffen, ihr Kind für immer und ganz zu verlassen. Man wird dabei annehmen müssen, daß gerade diese Kinder meist aus materiell besser situierten Kreisen stammen. Nicht die Not ist es, die hier eine Aussetzung des Kindes gebietet, sondern ganz andere Gründe, das Gefühl der Schande, der gesellschaftlichen Blamage, oder überhaupt der Wunsch, ein unbequemes Kind loszuwerden. Hierauf kann der Staat aber keine Rücksicht nehmen. Wenn gegen die uneheliche Mutter ein Vorurteil in der Gesellschaft besteht, wenn sie verachtet und verfemt wird und darunter viel leiden muß, wenn diese Erscheinung sich gerade in den sogenannten „gebildeten" und „feinen" Gesellschaftskreisen besonders fühlbar macht, weit fühlbarer als in den Volkskreisen, die in dieser Hinsicht meist toleranter und gerechter sind, so ist das sehr traurig, aber es gibt hiergegen nur ein Mittel, nämlich eine energische, weitgehende Agitation in Wort und Schrift für die Gesundung der Geschlechtsmoral überhaupt, für eine Revision der alten, unwahren Moralbegriffe. In diesem Sinne wirkt jetzt schon der Bund für Mutterschutz in Deutschland, dessen Ziel nicht bloß die materielle Unterstützung der unehelichen Mutter, sondern auch eine Revision der geschlechtlichen Moralbegriffe, eine Gesundung der ganzen Sexualethik ist. Es geht aber nicht an, daß man einer Mutter nur deshalb, weil ihr ein Kind peinlich ist, weil sie sich geniert, es vor der Gesellschaft zu zeigen, die Möglichkeit einer Aussetzung des Kindes gibt. Den Mut, sich Mutter zu nennen, kann man wohl von jeder Frau verlangen. Der Staat nimmt ja auch eine sehr sonderbare Stellung ein, wenn er die Aussetzung eines Kindes außerhalb des Findelhauses als Verbrechen bestraft, dieselbe Aussetzung aber im Findelhaus begünstigt und sogar anempfiehlt. Darum muß das Findelhaus verlangen, daß jede Mutter, die ihr Kind im Findelhause abgibt, sich zum mindesten nennt, auch dann, wenn sie einen Grafen- oder Fürstentitel hat; sie darf sich nicht durch Anonymität ihren rechtlichen und ethischen Mutterpflichten entziehen. Stellt sich dabei heraus, daß die Mutter eine reiche, wohlhabende oder überhaupt bemittelte Frau ist, so muß ihr das Kind unbedingt zurückgegeben werden, denn dann hat die Ablieferung des Kindes im Findelhaus keinen Sinn und ist sogar eine in jeder Hinsicht verwerfliche Handlung. Darum muß in dem Statut des Findelhauses der Passus von dem verschlossenen und versiegelten Kuvert und ebenso auch der von der Aufnahme eines Kindes ohne jedes Dokument gestrichen werden. Erst dann werden die Findelhäuser den etwas anrüchigen Charakter, den sie bei uns noch immer haben, mit der Zeit verlieren und schließlich das sein können, was sie sein sollen, Mutter- und Kinderheime. Solche Mutter- und Kinderheime, Asyle und Schulen für obdachlose oder verwahrloste Kinder, Zwangserziehungsanstalten für verbrecherische, sittlich gefährdete oder überhaupt schwer zu erziehende Kinder gibt es in Westeuropa in großer Anzahl, und ihre Zahl wächst jährlich. Aus diesem Grunde sind dort die Findelhäuser überflüssig geworden und abgeschafft. In Rußland dagegen ist in diesem Sinne außerordentlich wenig getan. Persönliche Initiative fehlt, und soweit sie vorhanden ist, ist sie durch die politischen und sozialen Verhältnisse sehr erschwert, die Stadt- und Landverwaltungen haben kein Geld, und nur die Regierung hat die Mittel zu einer öffentlichen Wohlfahrtspflege. Unter solchen Umständen ist an eine Abschaffung der Findelhäuser in Rußland noch gar nicht zu denken. Es gilt nicht, sie abzuschaffen, sondern in dem oben angegebenen Sinne zu reformieren.

Als Beweis für die Nutzlosigkeit der Findelhäuser wird vielfach darauf hingewiesen, daß die Anzahl der Kindesmorde und der Verbrechen gegen das keimende Leben, soweit man beurteilen kann, nach Einführung der Findelhäuser nirgends abgenommen hat. Um diesem Vorwurf zu begegnen, muß man sich über die Motive klar werden, die eine Mutter zum Kindesmorde treiben. Dieser Motive sind mehrere. Erstens die Not, die Unmöglichkeit, ein Kind zu ernähren und zu pflegen. Wird

z. B. ein Dienstmädchen Mutter, so verliert sie sicher ihren Erwerb, denn wer nimmt ein Dienstmädchen mit einem Kinde? Dieser Not könnte nun allerdings das Findelhaus steuern, denn so bescheiden auch die Unterstützung des Findelhauses ist, vor Not schützt sie immerhin. Es wäre daher das einzig vernünftige, sich an das Findelhaus zu wenden, und die Mutter würde dieses gewiß auch tun, wenn sie nur — und hier kommen wir an den springenden Punkt der Sache — imstande wäre, ihre ganze Lage ruhig und vernünftig zu überlegen und demgemäß zu handeln. Dazu ist sie aber in vielen Fällen gar nicht imstande. Die Qualen der Schwangerschaft und des Geburtsprozesses zerrütten ihr ganzes Nervensystem, rauben ihr die Besinnung, die Fähigkeit, vernünftig zu denken und zu handeln, machen sie unzurechnungsfähig und treiben sie zu solchen Handlungen, die sie später selbst bereut. Dazu kommt, daß das Findelhaus oft sehr weit, hundert und mehr Kilometer vom Orte der Geburt entfernt ist. Die Mutter müßte also mit ihrem Kinde eine ganze Reise machen, um ins Findelhaus zu gelangen. Dazu fehlt ihr das Geld und außerdem die Kraft und der Entschluß, da sie körperlich und geistig ruiniert ist. Endlich ist nicht zu vergessen, daß sehr viele Mütter bei dem niedrigen Kulturniveau des russischen Volkes von dem Findelhause nichts wissen oder nur eine verschwommene, undeutliche Vorstellung von dieser Anstalt haben. Sehr viele sind der irrigen Meinung, daß die Ablieferung des Kindes ins Findelhaus immer 25 Rubel kostet und geben diese Idee auf, da sie diese Summe nicht besitzen. Die Direktion des Findelhauses täte gut, wenn sie ihre Statuten überall, namentlich in den Dörfern, veröffentlichte und so etwas mehr zu der Popularität dieser Anstalt beitrüge. Ein zweiter, sehr wichtiger Beweggrund zum Kindesmorde ist das Gefühl der öffentlichen Schande, der gesellschaftlichen Blamage, deren Opfer die Mutter wird. Dieses Gefühl wird noch bedeutend erhöht durch den unzurechnungsfähigen Zustand, in dem sich viele Mütter vor, bei und nach der Geburt befinden. In diesem Falle faßt die Mutter den Entschluß, die Geburt des Kindes so zu verheimlichen, daß niemand etwas davon erfährt. Die Geburt geht dann heimlich vor sich. Das Kind wird gleich nach der Geburt, oft noch bei der Geburt durch Erdrosselung oder durch Eindrücken des sehr weichen Schädels getötet und die Leiche schleunigst versteckt. Es liegt auf der Hand, daß auch in diesem Falle das Findelhaus nicht helfen kann. Helfen kann hier nur eine energische Bekämpfung des verderblichen Vorurteils, als sei die Geburt eines Kindes etwas Unsittliches oder Beschämendes. Es muß eine größere geistige und ethische Bildung der Mädchen verlangt werden, ein Ziel, das sich in erster Linie die Volksschule stellen müßte. Gerade die Mädchenschulen sind sowohl in Rußland wie anderwärts noch sehr unvollkommen und bedürfen dringend der Reform und Entwicklung. Bemerkt muß werden, daß die beiden Motive, die Not und die Schande, nicht etwa einzeln, sondern gewöhnlich vereint auftreten und ineinander greifen und dann ein um so mächtigerer Impuls zum Kindesmorde sind. Hier ist „die freie Willensbestimmung", wie das deutsche Strafgesetzbuch sagt, meist ausgeschlossen. Kommt eine Kindesmörderin vor das Geschworenengericht, so wird sie gewöhnlich freigesprochen. Jeder Kindesmordprozeß entrollt vor seinen Richtern ein solches Bild des Jammers, des Elends und der Verlassenheit, daß das Herz der Geschworenen nicht standhält und sie eine Verurteilung der Schuldigen zu einer Gefängnisstrafe von vier bis sechs Jahren, die auf Kindesmord steht, vor ihrem Gewissen nicht verantworten können. Sehr viele Kindesmörderinnen behaupten, daß sie ihr Kind gar nicht getötet hätten, sondern das Kind wäre schon tot geboren, und sie hätten nur seine Leiche versteckt. In diesem Falle muß ein vom Gericht hinzugezogener Arzt die Frage beantworten, ob das Kind nach der Geburt gelebt hat oder nicht. Diese Frage kann aber auch der beste Arzt nur mit großer Mühe, oft auch gar nicht beantworten, und dieses ist dann auch ein Grund zur Freisprechung. Jede uneheliche Mutter durchlebt eine Tragödie, und da es die Tragödie einer Mutter ist, so ergreift sie uns mehr wie jede andere, appelliert mehr wie jede andere an unser Menschlichkeitsgefühl und unser Mitleid. Darum ist das Verbrechen des Kindesmordes von jeher von Dichtern und Schriftstellern mit einem poetischen Schimmer verklärt worden, und die Schilderung von dem Geisteszustande der Kindesmörderin, die Goethe im ersten Teile des „Faust" in der Kerkerszene gegeben hat, wird, um nur ein Beispiel zu nennen, wohl für alle Zeiten klassisch bleiben.

Mit dem Kindesmord in engstem Zusammenhang steht das Verbrechen gegen das keimende Leben, die vorsätzliche Abtreibung der Leibesfrucht, oder die Tötung der Frucht im Mutterleibe. Dieses Verbrechen ist ein nicht nur bei unehelichen, sondern auch bei ehelichen Müttern sehr weit verbreitetes. Vor Gericht kommt es aber höchst selten, weil sich niemand findet, der es anzeigt. Nur in seltenen Fällen, wenn zum Beispiel die Mutter an den Folgen der stets gefährlichen Operation stirbt, erfährt die Polizei und die Staatsanwaltschaft etwas davon und bringt den Fall vor Gericht. Die Strafe schwankt je nach den schädlichen Folgen, die die Operation in dem gegebenen Falle für die Gesundheit und das Leben der Mutter gehabt hat, zwischen fünf Jahren Zuchthaus und zehn Jahren Zwangsarbeit. Der Mutter selbst droht eine Gefängnisstrafe von vier bis fünf Jahren. Die Geschworenen sind gegen die Mutter sehr milde und sprechen sie gewöhnlich aus Mitleid frei, gegen diejenigen, die bei der verbotenen Operation ihren Beistand geleistet haben, sind sie aber in der Regel sehr streng, zumal diese Personen meist nur vor Gericht kommen, wenn die Mutter gestorben ist. Der Arzt, der aus gewinnsüchtigen Motiven eine derartige Operation macht, kann auf keine Gnade rechnen. Er darf diese Operation nur machen, wenn er zur Überzeugung kommt, daß sie das einzige Mittel ist, um das Leben der Mutter zu retten.

11. Legitimation und Adoption.

Ist ein Kind unehelich, so können ihm durch nachfolgende Ehe der Eltern alle Rechte eines ehelichen Kindes verschafft werden. Das uneheliche Kind wird dann ein eheliches. Die Eltern müssen die Ehe eingehen und sodann in das Bezirksgericht ein Gesuch um Legitimation ihres vor der Ehe geborenen Kindes einreichen. Sie haben dabei beide vor Gericht die schriftliche Erklärung abzugeben, daß das in Rede stehende

Kind ihr eigenes ist, von ihnen stammt. Wird dieses Gesuch später als ein Jahr nach der Trauung der Eltern eingereicht, so haben die Eltern eine Erklärung über die Ursachen dieser Verzögerung abzugeben. Das Gericht prüft nach dem Taufschein des Kindes und nach dem Taufschein der Eltern die Angaben, stellt fest, daß die im Taufschein angegebene Mutter identisch ist mit derjenigen, die um Legitimation des Kindes ersucht, und legitimiert sodann das Kind, das heißt, verleiht ihm alle Rechte eines ehelichen Kindes, Namen, Familien-, Erb- und Standesrechte. Hierauf teilt das Gericht seinen Beschluß dem Konsistorium mit und stellt dem Kinde an Stelle seines alten Taufscheins einen neuen Geburts- und Taufschein aus, in dem die Tatsache der unehelichen Geburt ganz verschwiegen und das Kind nur nach dem Familiennamen seiner Eltern benannt wird. Dadurch ist das Kind legitimiert und alles getan, was möglich ist, um die uneheliche Geburt vergessen zu machen. Können oder wollen die Eltern eines unehelichen Kindes die Ehe untereinander nicht eingehen, so bleibt nur noch ein Mittel, die Lage des Kindes zu verbessern, die Adoption. Sie gibt dem Kinde weit weniger Rechte als die Legitimation, aber sie ist immer weit besser wie nichts.

Die Adoption oder „die Annahme an Kindes Statt" wie das deutsche Recht sagt, hat an und für sich mit der unehelichen Geburt nichts zu tun, denn adoptiert werden können nicht nur uneheliche, sondern ebenso auch eheliche Kinder. Adoptieren kann jede Person, ohne Unterschied des Geschlechts und Standes, die selbst kinderlos ist. Der Adoptierende muß dreißig Jahre alt und um mindestens achtzehn Jahre älter sein als der Adoptierte. Adoptieren kann nur eine Person allein oder ein Ehepaar. Ehegatten können ein Kind zusammen adoptieren. Adoptiert ein Gatte allein, so muß der andere seine Einwilligung dazu geben. Hat der zu Adoptierende Eltern, einen Vormund oder einen Kurator, so müssen diese Personen ihre Einwilligung zur Adoption geben. Ist der Adoptierende älter als vierzehn Jahre, so muß er selbst seine Einwilligung dazu geben. Jeder kann sein eigenes uneheliches Kind adoptieren. In diesem Falle kann er auch jünger wie dreißig Jahre sein, und der Altersunterschied kann weniger als achtzehn Jahre betragen. Sein eigenes uneheliches Kind adoptieren kann sogar der, der noch andere eheliche oder uneheliche Kinder hat. Eine solche Adoption ist zulässig, wenn diese anderen Kinder volljährig sind und ihre Einwilligung dazu geben; sind diese Kinder minderjährig, so kann die Adoption nur bei Lebzeiten des anderen Gatten und nur mit seiner Einwilligung geschehen. Die Mutter eines unehelichen Kindes muß zu einer Adoption durch den Vater ihre Einwilligung geben, jedoch nur dann, wenn sie im Taufschein genannt ist. Hat der zu adoptierende Minderjährige weder Eltern, noch Vormünder, so muß vor der Adoption ein Vormund ernannt werden. Ohne diesen Vormund und ohne seine Einwilligung kann keine Adoption stattfinden. Der Adoptierte erhält den Familiennamen des Adoptierers, den Vatersnamen erhält er aber nach dem Adoptierer nur dann, wenn der Adoptierte keinen oder nur den Vatersnamen seines Taufvaters hat, also zum Beispiel, wenn es ein Findling ist; im anderen Falle behält er seinen eigenen, wirklichen Vatersnamen. Hat der Adoptierer den erblichen Adel, so kann sein Familienname auf den Adoptierten nur mit Genehmigung des Kaisers übergehen. Eine unverheiratete Frauensperson, die noch Eltern hat, kann dem Adoptierten ihren Familiennamen nur mit Einwilligung ihrer Eltern geben. Der Adoptierte erhält in der Regel auch den Stand seines Adoptierers, doch wenn dieser adelig oder ein erblicher Ehrenbürger ist, so wird der Adoptierte nur persönlicher Ehrenbürger. Der Adoptierte hat ein Erbrecht nur nach dem Adoptierer, nicht aber nach dessen Verwandten. Stirbt zum Beispiel der Bruder oder die Schwester des Adoptivvaters so erbt der Adoptierte nichts. Ist er von einem Ehepaar adoptiert, so erbt er nach dem Adoptivvater und nach der Adoptivmutter, aber nicht nach deren Verwandten. Ist er bloß von einem Gatten adoptiert, und hat der andere Gatte bloß seine Einwilligung zu dieser Adoption gegeben, ihn aber nicht auch selbst adoptiert, so erbt er bloß nach dem Gatten, der ihn adoptiert hat, nicht aber nach dem, der bloß seine Einwilligung gegeben, denn die Einwilligung zur Adoption ist an und für sich noch lange keine Adoption, sie ist nur eine für die Adoption notwendige Formalität. Wird jemand von einem Ehemann adoptiert, und hat die Ehefrau dazu bloß ihre Einwilligung gegeben, so bleibt der Adoptierte dieser Ehefrau rechtlich ganz fremd. Die beiden, der Adoptierte und die Ehefrau des Adoptierers, haben in bezug aufeinander weder Rechte noch Pflichten. Demgegenüber muß betont werden, daß das legitimierte Kind das volle Erbrecht nicht nur nach den Eltern hat, von denen es legitimiert ist, sondern auch nach allen Verwandten dieser Eltern, denn das legitimierte Kind ist kein „an Kindes Statt" angenommenes, sondern das wahre Kind seiner Eltern, nicht nur für diese Eltern, sondern auch für alle Verwandten dieser Eltern. Das legitimierte Kind gehört zur Familie, zum ganzen Stamm, während das adoptierte nicht zum Stamm, auch nicht zur Familie, sondern nur zu der einzelnen Person gehört, von der es adoptiert ist. Die Legitimation entspricht genau der Wirklichkeit. Die Ehegatten erklären, daß sie die Eltern des vor ihrer Ehe geborenen Kindes sind. Sie bestätigen dadurch nur offiziell das, was schon sowieso Tatsache ist. Die Adoption dagegen entspricht nicht der Wirklichkeit, sondern ist etwas Erdachtes, Künstliches. Sie ist nur ein Surrogat für die natürlichen, zwischen Eltern und Kind bestehenden Beziehungen. Sie ist sogar in vielen Fällen geradezu unnatürlich. So ist es nicht natürlich, wenn jemand sein eigenes uneheliches Kind adoptiert, und er tut dieses ja auch nur in den Fällen, wenn eine Legitimation für ihn aus irgendeinem Grunde ausgeschlossen ist, wenn eine Ehe mit dem andern Elternteil nicht möglich ist. Denn die Legitimation setzt immer eine ihr vorhergehende Ehe voraus, während die Adoption ohne jede Ehe stattfinden kann. Unnatürlich ist es auch, wenn jemand adoptiert wird, der selbst noch Eltern hat. Denn es muß bemerkt werden, daß, obzwar der Adoptierende die elterliche Gewalt über das adoptierte Kind erhält, trotzdem die Bande, die das Kind mit seinen natürlichen Eltern verbinden, durch die Adoption nicht zerrissen werden. Sterben die Eltern und hinterlassen Vermögen, so ist der Adoptierte erbberechtigt. Außerdem erbt er aber noch nach den Adoptiveltern. Er hat somit, strenggenommen, drei oder, wenn er von einem Ehepaar adoptiert ist, sogar vier Eltern, die natürlichen und die Adoptiveltern. Bei der Legitimation ist so etwas unmöglich, da jeder nur von seinen natürlichen Eltern legitimiert werden kann. Da die Adoption eines Kindes, das noch Eltern hat, nur mit Einwilligung dieser Eltern stattfinden kann, so können die Eltern ein adoptiertes Kind nicht mehr zurückverlangen. Die elterliche Gewalt verlieren sie dann für immer. Legitimation und Adoption sind somit etwas ganz Verschiedenes. Es ist aber wichtig, sich diese Unterschiede klarzumachen, da diese beiden Begriffe sehr häufig verwechselt werden.

Die Adoption geschieht in den meisten Fällen durch das Bezirksgericht. Gehört der Adoptierende dem dritten Stande, dem Bürgerstande an, so geschieht sie durch die örtliche Bürgerkorporation mit Bestätigung der Staatsrentei. Ist es ein Bauer, so geschieht sie mit Bestätigung der örtlichen Dorfgemeinde. Hier sehen wir wieder die alte, jetzt in den Kulturstaaten schon längst überwundene Trennung der Bürger nach Ständen. In bezug auf die Legitimation macht sich noch ein anderer schwerer Mangel unseres Gesetzes geltend — die Vermischung von Recht und Religion. Sowohl die Eltern, wie das Kind müssen bei der Legitimation christlicher Konfession sein. Sind sie, oder ist auch nur einer unter ihnen ein Jude, ein Mohammedaner oder ein Heide, so ist die Legitimation unmöglich. Das ist ein schweres Unrecht gegen alle in Rußland lebenden Nichtchristen, namentlich wenn man bedenkt, daß gerade in Rußland die Anzahl der Nichtchristen im Vergleich mit anderen europäischen Ländern eine besonders große ist. Es kann nicht oft genug wiederholt werden, daß die Rechte eines Staatsbürgers nicht von seiner Religion abhängen dürfen. Religion und Recht müssen ganz voneinander getrennt werden.

12. Ehegüterrecht.

Wenden wir uns nun zu der Frage über das Vermögen der Eheleute, so sehen wir zunächst, daß in Rußland das Eigentum der Ehegatten, des Mannes und der Frau, ganz getrennt ist. Es gibt keine Gütergemeinschaft in Rußland, sondern nur eheliche Gütertrennung. Es ist sehr wichtig, dieses festzustellen, denn so rückständig auch die russischen, das Familienrecht betreffenden Gesetze sind, in dieser Frage sind sie so manchem westeuropäischen Gesetzbuch über, vor allem auch dem Bürgerlichen Gesetzbuch für das Deutsche Reich. Die eheliche Gütertrennung, wie sie in Rußland besteht, ist für die deutschen Frauenrechtlerinnen bisher ein schon längst angestrebtes, aber immer noch nicht erreichtes Ideal. § 1363 des Bürgerlichen Gesetzbuchs für das Deutsche Reich sagt: „Das Vermögen der Frau wird durch die Eheschließung der Verwaltung und Nutznießung des Mannes unterworfen (eingebrachtes Gut). Zum eingebrachten Gute gehört auch das Vermögen, das die Frau während der Ehe erwirbt." Als dieser Paragraph im Deutschen Reichstag verlesen wurde, erhob sich bei fast allen Frauen und auch bei den fortschrittlich gesinnten Männern ein Sturm der Entrüstung, und schon damals wurde geltend gemacht, daß die vollständige Gütertrennung die einzige richtige Regelung des Ehegüterrechts sei. Trotzdem ging dieser Paragraph im Reichstag durch. Schuld daran ist nicht nur die sehr konservative Gesinnung der meisten Reichstagsabgeordneten, sondern auch der Einfluß des römischen Rechts, nach dem die Frau der Gewalt des Mannes vollständig untergeordnet war, und von dem sich die meisten deutschen Juristen immer noch nicht freimachen können, auch dann nicht, wenn es, wie in diesem Falle, unserem modernen Rechtsempfinden gar nicht mehr entspricht. Der Mann hat also das Recht der Verwaltung und Nutznießung über das Eigentum der Frau. Zu diesem Zweck kann der Mann das Eigentum der Frau in seinen Besitz nehmen, kann es nach den für Mündelgelder geltenden Vorschriften verzinslich anlegen, kann die Einkünfte des ganzen Vermögens für sich verwenden, und Rechtsstreitigkeiten, die sich auf das Vermögen der Frau beziehen, in seinem eigenen Namen geltend machen. Die Frau selbst kann über ihr Vermögen gar nicht verfügen, kann auch mit niemandem ohne Einwilligung des Mannes irgendein ihr Vermögen betreffendes Rechtsgeschäft abschließen, denn ein jedes derartiges Rechtsgeschäft ist ganz ungültig. Die Frau kann die Aufhebung der Verwaltung und Nutznießung durch den Mann nur verlangen, wenn sie beweist, daß die Art der Verwaltung und Nutznießung Anlaß zu ernsten Bedenken gibt, wenn der Mann sich seinen Verpflichtungen in bezug auf die Unterhaltspflicht der Frau und der Kinder entzieht, wenn er entmündigt ist und unter Vormundschaft steht, und wenn über das Vermögen des Mannes der Konkurs eröffnet wird. Erst wenn diese Fälle vorliegen, tritt Gütertrennung ein, und die Frau kann dann über ihr Vermögen frei verfügen. Eine Änderung dieser gesetzlichen Vorschriften ist nur durch einen Ehevertrag der beiden Eheleute möglich. Von der Verwaltung und Nutznießung des Mannes ausgeschlossen ist immer das Vorbehaltsgut der Frau. Vorbehaltsgut der Frau sind die zum persönlichen Gebrauch der Frau bestimmten Sachen, wie Kleider, Schmucksachen und Arbeitsgeräte, ferner alles, was die Frau durch ihre eigene Arbeit oder durch selbständigen Betrieb eines Geschäfts erwirbt, und endlich was sie durch Schenkung und durch Erbfolge erwirbt, vorausgesetzt, daß sowohl der Schenkende wie der Erblasser dabei bestimmen, daß das geschenkte oder geerbte Eigentum Vorbehaltsgut sein soll. Über das Vorbehaltsgut kann die Frau nach ihrem Belieben verfügen. Dieses sind in ganz kurzen Zügen die sehr komplizierten Vorschriften des Deutschen Bürgerlichen Gesetzbuchs über Ehegüterrecht, von denen ihre Verfasser behaupten, daß sie dem Rechtsempfinden des deutschen Volks entsprechen, was in Wirklichkeit gar nicht der Fall ist. Im russischen Recht gilt Gütertrennung, d. h. die Frau kann über ihr Eigentum verfügen wie sie will, und erwerben soviel sie will. Der Mann kann über ihr Eigentum nur verfügen, wenn er von ihr eine offizielle Vollmacht erhält. Das Gesetz läßt hier nur eine einzige Ausnahme zu. Einen Wechsel kann eine Ehefrau nur dann ohne Einwilligung des Mannes ausstellen, wenn sie selbständig Handel treibt. In jedem anderen Falle braucht sie dazu die Einwilligung des Mannes. Sie kann aber jeden beliebigen Schuldschein ausstellen, der nicht die Form eines Wechsels hat, und auf diese Art so viel Schulden machen, wie ihr beliebt. Zum Eigentum der Frau gehört zunächst ihre **Mitgift**, dasjenige Eigentum, das die Tochter von ihren Eltern im Falle ihrer Verheiratung zur Einrichtung des Haushalts als Aussteuer erhält. Die Mitgift kann sowohl aus Geld und Kapitalien, wie aus den verschiedensten andern Sachen bestehen. Ihre Höhe hängt lediglich von dem Gutdünken der Eltern ab. Hierbei stellen die Eltern der Tochter eine Bescheinigung über die Mitgift (рядная запись) aus, in der genau angegeben wird, was und wieviel die Tochter erhält, und jede Geldsumme, jedes Wertpapier, jeder Gegenstand ganz genau angegeben wird. Erbt die Tochter später nach dem Tode ihrer Eltern, so wird ihr der Wert der ganzen Mitgift von ihrem Erbteil abgezogen, so daß sie also bei entsprechendem Werte der Mitgift ganz ohne Erbteil bleiben kann. Diese Vorschrift gilt jedoch nur dann, wenn die Mitgift wirklich in der Form der oben angegebenen Bescheinigung ausgestellt ist. Ist der Tochter ihre Aussteuer aber ohne eine solche Bescheinigung ausgestellt, so gilt sie nicht als Mitgift, sondern als bloße Schenkung und spielt dann bei der Erbschaft gar keine Rolle. Soviel die Tochter in diesem Falle auch erhalten haben mag, sie erbt immer ihren gesetzlichen Teil vom Vermögen der Eltern. Da nun in Wirklichkeit die erwähnten Mitgiftscheine und Verzeichnisse nur sehr selten ausgestellt werden, so folgt hieraus, daß die Aussteuer der Tochter in der Regel für ihre späteren Erbrechte ohne Bedeutung ist, und diese Rechte in keiner Weise beschränkt. Der Mann hat gar kein Recht auf die Aussteuer der Frau, und die Frau verfügt darüber nach Gutdünken. In der Ehe kann die Frau so viel Eigentum erwerben wie sie will und kann ihr ganzes Eigentum verkaufen, versetzen, auf jede Weise veräußern, ohne nach der Einwilligung des Mannes zu fragen. Ein Ehegatte kann auch dem anderen sein Eigentum schenken oder verkaufen. Die Gatten können gegenseitig Schulden machen, sich gegenseitig Schuldscheine jeder Art ausstellen, sogar Wechsel. Denn wenn der Mann der Frau oder die Frau dem Manne einen Wechsel ausstellt, so ist ein solcher Wechsel immer gültig, da ja die Tatsache der Ausstellung des Wechsels an und für sich schon die

Einwilligung des Mannes beweist. Solche Wechsel werden in Wirklichkeit sehr häufig ausgestellt, weil Personen, die mit einem der Ehegatten ein Rechtsgeschäft eingehen, sehr oft als Garantie die Unterschrift beider Ehegatten auf dem Wechsel verlangen.

Das russische Ehegüterrecht ist demnach sehr einfach und sehr klar, und daher dem deutschen entschieden vorzuziehen. Komplikationen und Mißverständnisse können allerdings auch nach russischem Recht eintreten, und zwar zunächst in dem Falle, wenn einer der Gatten Schulden macht, und die Gläubiger sich an seinem Besitz schadlos halten wollen. Streitig ist in diesem Falle zunächst die Frage über das Recht des Gläubigers auf die Wohnungseinrichtung der Ehegatten, also Möbel, Wohnungsausstattung und dergleichen. Nach russischem Gesetz kann die Einrichtung einer Wohnung zum Teil dem Mann, zum Teil der Frau, oder auch einem der Gatten allein gehören, je nachdem was und wieviel jeder von ihnen in die Ehe gebracht hat. Jeder Gegenstand kann aber immer nur einem der Gatten gehören, denn ein Gesamteigentum wird nie vorausgesetzt und findet in Wirklichkeit auch nie statt. Da nun aber die Gatten zusammen leben, so ist die Entscheidung, welchem der Gatten die einzelnen Sachen in der Wohnungseinrichtung gehören, nicht leicht. Für gewöhnlich gilt die Regel, daß eine bewegliche Sache als Eigentum desjenigen betrachtet wird, der in ihrem Besitz ist. Es besteht nämlich in der Rechtswissenschaft ein bedeutender Unterschied zwischen Eigentum und Besitz, ein Unterschied, der im gewöhnlichen Leben immer verwechselt wird. Der Besitz ist weiter nichts wie die tatsächliche Gewalt über die Sache. Eigentum dagegen ist das Recht auf die Sache selbst, das Recht, mit dieser Sache nach Belieben zu verfahren, sie zu verkaufen, zu versetzen, zu veräußern, oder auch zu vernichten. Besitzer ist jeder, der eine Sache *hat*. Der Dieb, der eine Sache gestohlen hat, besitzt sie; wem eine Sache zur Benutzung geliehen ist, der besitzt sie. Das Eigentumsrecht hat aber keiner von beiden, sondern nur der, dem die Sache entnommen ist oder der sie verliehen hat. Der Eigentümer ist daher in vielen Fällen zugleich der Besitzer, in vielen Fällen auch nicht. Macht ein

Gläubiger vor Gericht seine Rechte geltend, so erhält er vom Gericht einen Vollstreckungsschein, laut welchem der Gerichtsvollzieher verpflichtet ist, das Eigentum des Schuldners zu pfänden. Hierbei setzt der Gerichtsvollzieher immer voraus, daß jede Sache, die sich im Besitz des Schuldners, also z. B. in seiner Wohnung, in seinen Geschäftsräumen befindet, zugleich auch sein Eigentum ist, und umgekehrt, daß jede Sache, die sich im Besitz einer dritten Person, also z. B. in deren Wohnung befindet, nicht das Eigentum des Schuldners ist. Diese Voraussetzung ist oft nicht richtig, aber der Gerichtsvollzieher kann sich auf keine verwickelten Untersuchungen über Eigentumsrecht einlassen. Er hat dazu weder Zeit, noch Möglichkeit, noch auch das richtige Verständnis, da er in der Regel ein Mann von nur bescheidener juristischer Bildung ist. Er geht in die Wohnung des Schuldners und pfändet getrost alles, was er dort findet. Wird dabei eine Sache gepfändet, die dem Schuldner nicht gehört, so hat der Eigentümer dieser Sache sich an das Gericht zu wenden, sein Eigentumsrecht zu beweisen und die Auslieferung dieser Sache zu verlangen. Diese Regeln über Pfändung jeder Sache, die im Besitz des Schuldners ist, sind aber auf Wohnungsausstattungen von Eheleuten nicht ohne weiteres anwendbar, denn in diesem Falle sind die betreffenden Sachen im Besitz zweier Personen, von denen aber nur einer der Schuldner ist. Haben beide Gatten einen Wechsel oder Schuldschein ausgestellt, so ist alles klar; in diesem Falle kann alles, was zur Wohnungsausstattung gehört, ohne weiteres gepfändet werden. Für den Fall, daß aber nur ein Gatte der Schuldner ist, schreibt das Gesetz folgendes vor. „Bei Zwangsvollstreckungen gegen einen der Gatten wird alles bewegliche Eigentum, das sich in der gemeinschaftlichen Wohnung befindet, gepfändet und verkauft mit Ausnahme der Kleider und der Wäsche des andern Gatten und derjenigen Sachen, die dem andern Gatten gehören, wenn für diese Zugehörigkeit sichere Beweise vorgestellt werden.“ Erwartet also ein Ehepaar in seiner Wohnung den unangenehmen und peinlichen Besuch des Gerichtsvollziehers, so muß der nichtschuldige Gatte, der sein Eigentum retten will, alle Beweise seines Eigentumsrechtes für jeden einzelnen Gegenstand in Bereitschaft halten, und wenn der Gerichtsvollzieher erscheint, sogleich vorzeigen. Diese Beweise müssen immer schriftliche sein. Als Beweis können dienen der Mitgiftschein in den wenigen Fällen, wenn er wirklich ausgestellt ist und die auf den Namen des betreffenden Gatten lautenden Rechnungen verschiedener Handelshäuser und Firmen, aus denen zu ersehen ist, daß die fragliche Sache von diesem Gatten erworben ist. Diese Rechnungen sind die Hauptbeweise, in vielen Fällen auch die einzigen. Überzeugen diese Beweise den Gerichtsvollzieher, so verzichtet er auf eine Pfändung dieser Sachen. In den meisten Fällen aber überzeugen sie ihn gar nicht und er pfändet die Sachen trotzdem. Geschieht dieses, so muß der Gatte, der sein Recht geltend machen will, sich an das Gericht wenden, diesen alle seine Beweise vorlegen, und kann sich vor Gericht auch auf Zeugen berufen, die von seinem Eigentumsrecht etwas wissen. Solche Zeugen können sein Verwandte oder nahe Bekannte, die vielleicht bei dem Kauf der Sache zugegen waren oder aus irgendeinem andern Grunde genaue Kenntnis von dem Eigentumsrecht des Gatten haben. Was aber Verwandte anbetrifft, so muß bemerkt werden, daß Verwandte in gerader absteigender Linie, also Eltern, Großeltern, Kinder, Enkel, Verwandte der Seitenlinie bis zum dritten Grade, also Geschwister, Onkel und Neffen, ferner Verschwägerte derjenigen, der sich auf sie bezieht, nicht verhört werden dürfen, wenn die Gegenpartei dagegen protestiert, und daher auf Zeugen in vielen Fällen verzichtet werden muß. Ein Hauptbeweis bleiben auch hier immer die Rechnungen auf die eingekauften Sachen, und es kann daher jedem Gatten nur empfohlen werden, solche Rechnungen gewissenhaft aufzubewahren, damit sie im Notfalle dem Gericht vorgelegt werden können. Eigentumsrecht auf bewegliche Sachen zu beweisen, ist im allgemeinen sehr schwer und die Gerichte fällen ihr Urteil in solchen Prozessen nicht bloß nach den ihnen vorgelegten Beweisen, sondern auch nach dem ganzen Eindruck, den sie von dem Prozeß erhalten. In der Praxis drängt sich hier die sehr ernste Frage auf: was hat eine Frau zu tun, wenn sie ihr Eigentum vor den Gläubigern ihres Mannes retten will? Man muß die Frage so stellen, weil in der Regel der Mann Schulden macht, und die Frau nur darunter leidet. Das beste und geeignetste Mittel für die Ehegatten ist es in diesem Falle, sich zu trennen und apart zu wohnen, was mit Einwilligung des Mannes immer möglich ist. In diesem Falle können für die Schuld des Mannes nur die Sachen in seiner Wohnung, nicht aber die Sachen in der Wohnung der Frau gepfändet werden, weil ja in diesem Falle die im der Wohnung der Frau befindlichen Sachen nicht im Besitz des Mannes sind. Der Gläubiger hat zwar das Recht, den Beweis zu führen, daß auch in der Wohnung der Frau Sachen sind, die dem Mann gehören, doch ist dieser Beweis für den Gläubiger so mühevoll und beschwerlich, daß er nur höchst selten davon Gebrauch macht. Durch eine Trennung der Ehegatten ist somit für die Frau das mögliche zum Schutz ihres Eigentums getan. Ist eine solche Trennung nicht möglich oder den Ehegatten zu unangenehm, so bleibt nichts übrig, als im Notfall sein Recht im Gerichte, wie oben angegeben, geltend zu machen. In Wirklichkeit werden in diesem Falle sehr oft fiktive Kontrakte gemacht, in denen die Frau oder auch beide Ehegatten das Eigentum an eine beliebige dritte Person verkaufen oder versetzen. Erscheint der Gerichtsvollzieher, werden ihm diese Kontrakte vorgelegt mit der Behauptung, die Sachen seien schon einem andern verkauft, und gehörten nicht mehr dem Schuldner. Es gibt viele Leute, die zu solchen Kontrakten raten, und von ihnen alles Heil erhoffen. Diese Ansicht ist irrig. Die Gerichte durchschauen den wahren Sachverhalt sehr bald, sie sehen, daß diese Verträge nicht der Wahrheit entsprechen, und einzig und allein den Zweck haben, den Gläubiger zu schädigen. Die Gerichte erklären dann einen solchen Kontrakt für ganz ungültig, auch wenn er beim Notar in der allerfeierlichsten Form vollzogen ist, denn laut Gesetz kann jeder Vertrag für ungültig erklärt werden, wenn bewiesen wird, daß er zu dem Zweck geschlossen ist, den Gläubiger zu schädigen oder zu betrügen. Vor Gericht bringen solche Verträge nicht nur keinen Nutzen, sondern schaden direkt, weil sie auf das Gericht einen sehr schlechten Eindruck machen. Das Gericht zieht aus solchen Verträgen einen Schluß auf die Unehrlichkeit derer, die solche Verträge schließen und dadurch die Wahrheit vertuschen und bemänteln. In diesem Falle ist es besser, weniger Beweise vorzustellen, wenn nur diese wenigen den Eindruck voller Wahrheit und Ehrlichkeit machen. Die Überzeugung des Gerichts von der Ehrlichkeit und Gutgläubigkeit des Prozessierenden sagt manchmal mehr wie alle Verträge und Urkunden, denn auch das Gericht fällt sein Urteil keineswegs bloß nach Kontrakten und Papieren, sondern auch nach seiner Überzeugung, nach bestem Wissen und Gewissen, woraus folgt, daß derjenige, der auf das Gericht den Eindruck der Wahrhaftigkeit macht, meist besser daran ist, als der, der den Eindruck des Gegenteils macht, auch wenn ihm sehr viele gut und regelrecht geschriebene Kontrakte zur Seite stehen. Solange der Prozeß wegen Eigentumsrecht auf die gepfändeten Sachen verhandelt wird, können diese Sachen nicht öffentlich versteigert werden. Der Prozeß kann, wenn er durch alle Instanzen gehen soll, jahrelang dauern, und der Gläubiger muß die ganze Zeit warten, so daß seine Lage, auch wenn er den Prozeß gewinnt, eine recht ungünstige ist. Gewinnt der Ehegatte als Kläger den Prozeß, so werden die gepfändeten Sachen auf Befehl des Gerichts freigegeben, verliert er ihn endgültig, so werden die Sachen auf Verlangen des Gläubigers öffentlich versteigert. Bei dieser Versteigerung kann die Frau zugegen sein und die Sachen alle selbst kaufen, wenn sich unter den Käufern niemand findet, der mehr bietet als sie, denn die Versteigerung geschieht „unter dem Hammer". Der Gerichtsvollzieher nennt den bei der Pfändung bestimmten Preis der Sache und fragt „Wer bietet mehr?" und wiederholt dann diese Frage so lange, wie jemand etwas bietet. Bietet niemand mehr, so wiederholt der Gerichtsvollzieher dreimal die Frage „niemand mehr" und nach dem dritten Male tut er einen Schlag mit dem Hammer, was bedeutet, daß die Sache an den verkauft ist, der am meisten geboten hat. Die Versteigerung findet gewöhnlich in der Wohnung statt, wo die Sachen sich befinden. Der Schuldner kann verlangen, daß die Versteigerung in einem andern von ihm angegebenen Lokal stattfindet, muß aber in diesem Fall alle Kosten für den Transport der Sachen und die Aufbewahrung in dem betreffenden Lokal selbst tragen. Im allgemeinen ist es der Frau leicht, die Sachen zu kaufen, da auf solchen Versteigerungen immer nur sehr wenig geboten wird. Die ganze Versteigerung ist daher für den Gläubiger im Grunde sehr unvorteilhaft. Der Gläubiger, der darauf dringt, rechnet auch in den meisten Fällen nur darauf, daß die Unannehmlichkeiten, das Peinliche, das damit immer verbunden ist, den Schuldner zur Zahlung seiner Schuld bewegt. Die Versteigerung wird in der Gouvernementszeitung sieben bis acht Tage vorher öffentlich angezeigt und außerdem durch einen Anschlag an betreffendem Hause allgemein bekanntgegeben. Tritt der ziemlich seltene Fall ein, daß der Gerichtsvollzieher durch die Beweise, die die Frau für ihr Eigentumsrecht vorstellt, überzeugt wird, und daher von einer Pfändung ihres Eigentums absieht, so kann der Gläubiger sich an das Gericht wenden, und wenn das Gericht die Ansicht des Gerichtsvollziehers nicht teilt, schreibt es ihm vor, die Pfändung dennoch zu vollziehen. Aber auch in diesem Falle hat die Frau das Recht, nach geschehener Pfändung, sich ihrerseits an das Gericht zu wenden, und dort ihr Eigentumsrecht auf dem Prozeßwege geltend zu machen. Schreitet der Gerichtsvollzieher zur Pfändung, so zeigt er diese dem Schuldner gewöhnlich einen oder mehrere Tage vorher an, um ihm dadurch die Möglichkeit zu geben, sich mit seinem Gläubiger zu verrechnen oder irgendwie zu einigen. Hat der Schuldner eine solche Anzeige erhalten, so darf er von diesem Momente an aus der Wohnung nichts fortschaffen und auch nichts verstecken, auch keinerlei Kontrakte in bezug auf sein Eigentum machen. Tut er dieses trotzdem, so kann er, wenn es bewiesen ist, mit Gefängnishaft von acht Monaten bis zu einem Jahr und vier Monaten bestraft werden. Allerdings ist es für den Gläubiger außerordentlich schwer, so etwas zu beweisen.

Etwas anders stellt sich die Frage in dem Falle, wenn der Mann Bankrott erklärt und über sein Vermögen der Konkurs eröffnet wird. Lange nicht jeder Schuldner, sondern nur die wenigsten werden bankrott erklärt. Die Bankrotterklärung erfolgt nur dann, wenn auf dem Wege der gewöhnlichen Zwangsvollstreckung, Pfändung und Versteigerung die Schuld nicht gedeckt wird. Außerdem muß bewiesen werden, daß das ganze Eigentum des Mannes, das heißt seine ganzen Aktiva, zur Bezahlung der Schulden nicht ausreichen, und daß auch nach Einrechnung dieser Aktiva die Schuldenlast größer ist als 1500 Rubel. In diesem Falle verliert der Mann von dem Momente der Bankrotterklärung alle seine Eigentumsrechte; über sein Vermögen wird eine aus Gläubigern bestehende Konkursverwaltung eingesetzt, er darf von nun an nichts mehr verkaufen, nichts verschenken, keinerlei Kontrakte machen, kein Geld einkassieren und annehmen. Alle diese Rechte gehören dann der Konkursverwaltung; er ist von diesem Augenblick an gewissermaßen entmündigt, und die Konkursverwaltung spielt dann für ihn in allen Eigentumsfragen die Rolle eines Vormundes, und für die ganze Zeit, während deren die Konkursverwaltung besteht, ist er in bezug auf sein Eigentum ganz rechtlos. Sein ganzes Vermögen wird von seinem besonders vom Gericht bestellten Kurator in einem besonderen Verzeichnis aufgenommen und abgeschätzt, und die Verfügung darüber gehört der Konkursverwaltung. Das Vermögen bildet dann die sogenannte Konkursmasse. Ist eine Konkursverwaltung über das Vermögen des Mannes eingesetzt, so gelten folgende Regeln. Der Frau gehört ihre Mitgift und alles, was sie persönlich durch Erbschaft, Vermächtnis, Kauf, Schenkung oder Handel erworben hat. Von der ganzen Wohnungseinrichtung wird demnach zunächst alles das ausgeschieden, was die Mitgift oder Ausstattung der Frau ausmacht, oder was von ihr persönlich erworben ist. Der übrige Teil der Wohnungseinrichtung wird sodann wiederum in zwei Hälften geteilt. Der Frau gehört die Hälfte aller Möbel und alle Wirtschaftsgegenstände, die sich nach Ausscheidung ihres persönlichen Eigentums in der gemeinschaftlichen Wohnung des Gatten befinden, auch dann, wenn diese Möbel und Gegenstände ursprünglich vom Manne angeschafft und sein Eigentum sind. Ferner gehört ihr die Hälfte des ganzen Tafelsilbers, selbst dann, wenn es mit dem Namen des Mannes gezeichnet ist und die Hälfte der Equipagen, Pferde und Geschirre. Alle Sachen, die den Kindern gehören, werden auch der Frau ausgeliefert. Dieses Gesetz ist sehr vernünftig und human. Es liegt der Wunsch vor, das einmal gegründete Hauswesen, nach Möglichkeit zu erhalten und vor einer Zerstörung durch die Gläubiger zu bewahren. Das Gesetz verlangt, daß die Hälfte aller erwähnten Sachen der Frau überlassen wird. Die Frau kann selbst die Sachen auswählen, die sie für sich behalten will, mit der Bedingung, daß diese Sachen nicht mehr als die Hälfte des ganzen Wertes bilden. Sind die Sachen unteilbar, so werden sie von der Konkursverwaltung verkauft, und die Frau erhält die Hälfte der beim Verkauf erlösten Summe. Da aber ein solcher Verkauf immer sehr unvorteilhaft, und außerdem auch unangenehm und schwierig ist, so einigt sich gewöhnlich die Frau mit der Konkursverwaltung, indem sie ihr die Hälfte des Wertes aller Sachen auszahlt, und sodann alle Sachen ohne Ausnahme von ihr ausgeliefert erhält. Ist die ganze Wohnungseinrichtung eine Mitgift der Frau oder von ihr in die Ehe gebracht, oder persönlich von ihr erworben, so wird ihr die ganze Einrichtung ohne jedes Entgelt überlassen, denn alles über Teilung Gesagte bezieht sich ausschließlich auf die Wohnungseinrichtung, die nach Ausscheidung aller der Frau gehörigen Sachen übrigbleibt und durch diese Teilung gelangt die Frau in den Besitz solcher Sachen, die vorher dem Manne gehörten. Sie rettet also nicht bloß ihr Eigentum, sondern erwirbt noch verschiedenes hinzu, und daher ist dieses Gesetz für die Frau sehr günstig. Hierbei ist jedoch folgendes zu bemerken. Hat die Frau vom Manne etwas geschenkt bekommen, so kann eine solche Schenkung vom Gericht für ungültig erklärt werden und die geschenkte Sache kommt dann in die Konkursmasse, wenn vom Momente der Schenkung bis zur Bankrotterklärung des Mannes weniger als zehn Jahre verstrichen sind. Ist die geschenkte Sache eine bewegliche, etwa ein Möbelstück, eine Silber- oder Goldsache, so hat das in der Regel keine Bedeutung, denn die Gläubiger beginnen schwerlich wegen einer solchen Sache einen gerichtlichen Prozeß, da sie zu wertlos ist. Ernst aber wird die Frage, wenn die Sache eine unbewegliche, wenn es Grund und Boden und Häuser sind. In solchem Falle sind die Gläubiger sehr interessiert, und die Frau kann ein bedeutendes Vermögen verlieren. Der Gedanke des Gesetzes ist dabei der, daß jemand, der Schulden hat, im Interesse seiner Gläubiger überhaupt kein Recht hat, irgend etwas zu verschenken. Hat die Frau im Verlaufe der angegebenen zehn Jahre von ihrem Manne Grund und Boden gekauft, so ist ein solcher Kauf nur dann gültig, wenn bewiesen wird, daß die Frau die Kaufsumme aus ihren eigenen persönlichen Mitteln bezahlt hat. Ein Scheinkauf, der unternommen wird, um die Gläubiger zu schädigen, wird nicht anerkannt. Auch dann, wenn die Frau die Kaufsumme von dem Gelde bezahlt hat, das ihr der Mann im Laufe der Zeit überlassen hat, ist der Kauf ungültig. Das Gesetz verlangt, daß die Frau die Kaufsumme aus ihren persönlichen Mitteln zahlt, das heißt aus dem Gelde, das sie durch Erbschaft, Mitgift, Schenkungen dritter Personen, oder eigenen Erwerb, nicht aber vom Manne erhalten hat. Hat die Frau dem Manne zu irgendeinem Zweck Geld geliehen, etwa zur Bezahlung seiner Gläubiger oder zur Unterstützung seiner Handelsunternehmungen, so ist sie die Gläubigerin ihres Mannes, und hat dann die Rechte eines Gläubigers, das heißt, sie kann zugleich mit den andern Gläubigern aus der Konkursmasse den ihr gebührenden Anteil erhalten. Dieser Anteil ist aber immer nur sehr unbedeutend. Wenn man aus einer Konkursmasse schließlich etwa zwei Jahre nach der Bankrotterklärung 20% seiner Forderung ausbezahlt erhält, so gilt das schon als sehr glänzend. In den meisten Konkursen befindet sich unter den Gläubigern auch die Frau des Schuldners; ihre Forderung geht bis 100000 Rubel und darüber. Dieses kommt daher, weil sehr viele Frauen die Handelsunternehmungen ihrer Männer mit ihrem Gelde unterstützen. Eine Frau, die ihrem Manne zu einem solchen Zwecke Geld leiht, muß sich darüber klar werden, daß dieser Schritt in jedem Falle ein gewagter ist. Nicht allen Unternehmungen lächelt das Glück. Viele gehen zugrunde, und dann ist das Vermögen der Frau für immer verloren.

Besonders ernst wird diese Frage dann, wenn es sich nicht darum handelt, ein neues Unternehmen zu gründen, sondern nur ein schon gegründetes, aber gesunkenes, schlecht gewordenes wieder aufzubessern. Gehen die Geschäfte des Mannes schlecht, droht ihm der Bankrott, so greift er in der Regel zu allen möglichen, manchmal zu den verzweifeltsten Mitteln, um wieder auf die frühere Höhe zu kommen. Hat seine Frau Geld, so beredet er sie, ihm dieses Geld zu überlassen, redet ihr ein, daß sein Geschäft dadurch gehoben werde und er in kurzer Zeit imstande sein werde, ihr dieses Geld bis auf den letzten Pfennig zurückzuzahlen. Die Frau, gänzlich geschäftsunkundig, ihrem Manne meistens blind vertrauend, gibt ihr Geld fort — und sieht es nimmer wieder. Denn die Erfahrung lehrt, daß ein Geschäft, das einmal „faul" geworden ist, nur in den allerseltensten Fällen wieder „gut" wird. In den allermeisten Fällen ist ein gesunkenes Geschäft nicht mehr zu heben. Das einzige Vernünftige, was der Mann in diesem Falle tun kann, ist, seinen Gläubigern dieses mitzuteilen, und sich mit jedem von ihnen irgendwie zu einigen oder, wenn das nicht geht, sich selbst im Gericht bankrott zu erklären, sein ganzes Eigentum den Gläubigern zu überlassen und eine andere geschäftliche Thätigkeit zu erwählen, die weniger Kapital verschlingt und mehr einbringt. Statt dieses zu tun, nehmen die meisten Männer in diesem Falle immer neues Geld auf sowohl bei der Frau wie bei anderen Personen. Sie reden sich und andern ein, daß ihre schlechte finanzielle Lage nur eine zeitweilige sei. Dadurch vergrößern sie aber nur ihre Schuldenlast und erreichen gar nichts. Wenn es ihnen durch immer von neuem aufgenommene Geldsummen wirklich gelingt, ein gesunkenes geschäftliches Unternehmen noch eine Reihe von Jahren mit *großer Mühe* künstlich zu erhalten, so ist damit nichts erreicht. Der Bankrott kommt doch, und ist dann um so schlimmer, weil die Schuldenlast inzwischen bedeutend gewachsen ist. Die Idee, daß ein schon gefallenes Geschäftsunternehmen durch neue Anleihen gehoben wird, ist eine Illusion, und eine sehr gefährliche Illusion. Dazu kommt dann noch ein falscher Stolz, der den Mann verhindert, seine schlechte finanzielle Lage offen einzugestehen, und ein als „faul" erkanntes Unternehmen aufzugeben, solange es dazu noch Zeit ist. Das Resultat ist dann das gewöhnliche; der Mann ist bankrott, die Frau hat ihr Vermögen verloren. Am meisten zu bedauern sind bei der ganzen Sache vielleicht die Kinder, für die das Kapital ihrer Mutter ein notwendiges Mittel zu ihrer wissenschaftlichen und beruflichen Ausbildung ist. Daß es einer Frau nicht ganz leicht wird, ihrem Manne die Mittel zu seiner Geschäftsführung zu versagen, wenn er vorgibt, sie unbedingt nötig zu haben, muß zugegeben werden. Dazu gehört Energie; aber die Frau sollte diese Energie doch haben, wenn nicht in ihrem eigenen Interesse, so doch im Interesse ihrer Kinder, selbst auf die Gefahr hin, als hart zu gelten, oder gar mit ihrem Manne zu brechen. Die größte moralische Schuld trifft daher allerdings den Mann, da er geschäftskundig ist und die Sachlage immer viel besser durchschauen kann als die Frau, der jede Geschäftskenntnis und in den meisten Fällen auch die rechte Lebenserfahrung und Menschenkenntnis fehlt. Die Zahl der Frauen, die in der Ehe durch die Schuld ihrer Männer ihr Vermögen verloren haben, ist Legion. Und noch eine andere Gefahr droht jeder geschäftsunkundigen Frau, wenn sie Vermögen hat, und zwar nicht nur der verheirateten, sondern auch jeder Witwe und jeder ledigen Frau. Es finden sich immer genug Leute, die sie bereden, ihr Geld in allen möglichen Privatunternehmungen anzulegen, und ihr dafür hohe Prozente und große Gewinne versprechen. Dieses ist immer sehr gefährlich, und darum sollte jede Frau ohne Ausnahme ihr Geld überhaupt nur in der Staatsbank oder in Wertpapieren anlegen, für die die Regierung garantiert, und sich auf keinerlei Privatunternehmungen einlassen.

13. Schlußbetrachtung.

Dieses sind die Grundzüge des russischen Familienrechts. Fassen wir sie noch einmal kurz zusammen, so ergeben sich folgende Schlüsse. Die russischen Gesetze über Familienrecht sind sehr unvollkommen. Sie stehen auf einem gänzlich veralteten Standpunkte. Dem Manne ist in bezug auf seine Frau, den Eltern in bezug auf ihre Kinder eine viel zu große Macht eingeräumt. Von einiger Vollkommenheit sind nur die Gesetze über die unehelichen Kinder, über die Kinder, die aus einer für ungültig erklärten Ehe stammen, und über die Adoption. Das liegt daran, daß diese Gesetze verhältnismäßig neu sind. Sie sind im Verlaufe der letzten zwei Jahrzehnte erlassen, zu einer Zeit, als das Mißverhältnis zwischen Gesetz und modernem Leben sich schon sehr stark geltend machte. Die Grundprinzipien des Familienrechts haben sich in Rußland im Anfang des 19. Jahrhunderts zur Zeit Speranskys gebildet. Ihr Ursprung reicht aber noch viel weiter zurück. Er geht bis zum Jahre 1649, bis auf das in diesem Jahre erlassene Gesetzbuch des Zaren Alexei Michailowitsch. Der Grundfehler aller dieser Gesetze besteht keineswegs bloß darin, daß sie schlecht sind, daß viele höchst wichtige Fragen, wie z. B. die Frage von der Trennung der Ehegatten, darin gar nicht erwähnt sind, daß andere Fragen, wie die der elterlichen Gewalt, darin auf eine höchst naive, für uns unannehmbare Art und Weise entschieden sind, sondern in erster Linie in der viel zu starken Betonung des religiösen, konfessionellen Elements, in der Vermischung von Religion und Recht, einer Vermischung, die namentlich in Fragen der Ehescheidung höchst verhängnisvoll geworden ist. Helfen kann hier nur eins. Eine vollkommene Trennung von Kirche und Staat. Es liegt aber auf der Hand, daß diese Reform überhaupt nur möglich ist bei einer vollständigen, durchgreifenden Änderung des ganzen Staatswesens, und dazu ist vorläufig sehr wenig Aussicht. Die Trennung von Kirche und Staat ist von solcher Bedeutung, daß durch sie Rußland auf einmal an die Seite der westeuropäischen Kulturstaaten gerückt würde. Eben deshalb aber, weil dieser Schritt ein so bedeutender ist, weil damit eine Absage an alle früheren Traditionen des russischen Staates verbunden ist, scheut eine konservative Regierung davor zurück, und behilft sich mit allen möglichen Neuerungen, die zwar, wie z. B. das Gesetz über die unehelichen Kinder vom Jahre 1902, im einzelnen Gutes stiften, den Grundfehler aber unberührt lassen. Das alte, untaugliche, viel zu eng gewordene Gewand wird an verschiedenen Stellen geflickt, es wird aber nicht durch ein neues ersetzt. Zurzeit liegt ein Projekt vor zur Reform des orthodoxen Ehescheidungsrechtes, das von allen das schlechteste ist. Das Projekt geht dahin, das Urteil im Ehescheidungsprozeß auch weiterhin den geistlichen Gerichten, dem Konsistorium, zu überlassen. Die Tatsache dagegen, die die Ehescheidung begründet, z. B. der Ehebruch, soll von den Bezirksgerichten festgestellt werden. Was damit bezweckt werden soll, ist nicht ganz klar. Augenscheinlich scheinen die Geistlichen des Konsistoriums zur Ansicht gekommen zu sein, daß die fortwährenden Untersuchungen über die Frage, wer, wo, wie und wann Ehebruch getrieben hat, eines Geistlichen nicht ganz würdig sei, und darum lieber den weltlichen Gerichten überlassen bleibe. Aber der Grundfehler, die konfessionelle Verschiedenheit, der Mangel an Gleichberechtigung der Bürger, die verschiedenen Konfessionen angehören, bleibt bestehen, und darum kann die Frage, ob diese Reform ausgeführt wird oder nicht, uns ziemlich gleichgültig lassen. Tatsächlich scheut aber die russische Geistlichkeit auch vor dieser bescheidenen Reform noch zurück. Aber das praktische Leben wartet nicht. Das Leben kann sich veralteten Gesetzen nicht anpassen, geht über sie hinweg und durchbricht sie wie ein mächtiger Strom einen schwachen Damm durchbricht. Ein Teil dieser Gesetze ist eines natürlichen Todes gestorben und besteht nur noch auf dem Papier. Der andere Teil ist durch die Praxis der Gerichte so umgewandelt, daß der eigentliche ursprüngliche Text kaum noch zu erkennen ist. Die Gerichte mit dem Senat an der Spitze haben da Dinge herausgelesen, die gar nicht darin standen, weil sie diese Dinge herauslesen w o l l t e n und m u ß t e n. Die Anforderungen des Lebens redeten eine zu laute Sprache. Noch andere Fragen, wie z. B. die über Mischehen, von denen das Gesetz ganz schweigt, haben trotzdem eine ganz bestimmte, wenn auch sehr eigenartige Lösung, in der Praxis gefunden. Und trotz alledem muß man sagen, daß die Praxis der Gerichte ein fehlerhaftes oder ganz fehlendes Gesetz niemals vollständig ersetzen kann. Soweit auch unsere Praxis in dieser Hinsicht gegangen ist, so selbständig sich auch der Senat, die oberste Gerichtsbehörde, in der Auslegung der Gesetze bewiesen hat, es haftet diesen Auslegungen und der ganzen gerichtlichen Praxis letzten Endes doch etwas Unsicheres, Schwankendes an. Wer heute irgendeine verwickelte Frage des Familienrechts lösen will, der wendet sich nicht an den Text des Gesetzes, denn dieser sagt ihm gar nichts, sondern er muß sich durcharbeiten durch einen Wust von Senatsentscheidungen, die oft einander widersprechen, und die auch in Zukunft immer wieder geändert werden können. Dazu kommt, daß in den allerverzweifeltsten Fällen auch die kühnste Auslegung des Gesetzes nichts hilft, und in diesem Falle der Bürger auf die Gnade des Monarchen angewiesen ist. In Westeuropa hat ein Gesuch an den Monarchen den Zweck, einen zum Tode verurteilten Verbrecher zu begnadigen. In Rußland wendet sich die Ehefrau an den Monarchen mit dem Gesuch, ihr einen Paß zu geben oder ihr zur Ehescheidung zu verhelfen. Das ist alles ganz unnormal und beweist nur, daß zwar das praktische Leben immer irgendeinen Ausweg findet, daß aber andererseits die Gerichte niemals die Rolle des Gesetzgebers übernehmen können, oder wenigstens nicht übernehmen sollten.

II. Erbrecht.

1. Haftung für die Schulden des Erblassers.

Mit dem Familienrecht steht das Erbrecht in einem ziemlich engen Zusammenhange. Der Fall, daß eine Erbschaft einem Fremden zufällt, ist selten. In den meisten Fällen beerben einander Familienmitglieder, und der unmittelbare Grund zum Antreten einer Erbschaft ist dann der Tod eines Familienmitgliedes. Der verstorbene Erblasser und die Erben sind alle Familienmitglieder, und bei der Lösung der oft recht verwickelten Erbschaftsfragen spielen Familieninteressen und Fragen des Familienlebens eine große Rolle. Ausschlaggebend sind dann nicht bloß rechtliche, sondern auch ethische Momente, wie ja überhaupt die Beziehungen der einzelnen Familienmitglieder untereinander in erster Linie ethischer und nicht rechtlicher Art sind. Die Erbschaftsgesetze regulieren die Frage über den Todesfall eines Familienmitgliedes. Sie beruhen darauf, daß mit dem Tode einer Person ihre Rechte und Pflichten nicht verschwinden, nicht erlöschen, sondern auf die Erben übergehen, auf die Personen, die mit dem Vermögen des Verstorbenen auch seine bürgerlichen Rechte und Pflichten übernehmen. Die Persönlichkeit des Erblassers geht auf die Erben über. Der Erbe ist der Vertreter des verstorbenen Erblassers nicht nur in dem Sinne, daß er sein Vermögen übernimmt, sondern auch seine Schulden, seine Verpflichtungen. In juristischem Sinne stirbt der Erblasser gar nicht, sondern lebt weiter, obgleich er gestorben ist. Die Idee der Unsterblichkeit, die für den Psychologen und den Theologen ein bisher ungelöstes und wohl auch nie zu lösendes Problem darstellt, ist in der

Rechtswissenschaft völlig gelöst. Vom rechtlichen Standpunkte ist jeder Mensch unsterblich. Sind Erben da, so übernehmen sie die Rechte und Pflichten des Verstorbenen. Fehlen Erben, so erbt der Staat das Vermögen. Hat der Erblasser sehr viele Schulden hinterlassen und kann aus diesem Grunde niemand die Erbschaft antreten, so wird das Vermögen des Verstorbenen den Gläubigern überlassen, die ihre Rechte geltend machen und den Erlös des Vermögens unter sich teilen. Dieses geht so weit, daß man sogar einen längst Verstorbenen bankrott erklären und über sein Vermögen eine Konkursverwaltung einsetzen kann. Führt jemand in den Gerichten einen Zivilprozeß, sei es als Kläger, sei es als Beklagter, und stirbt er während dieses Prozesses, so nehmen die Erben den Prozeß an dem Punkte, wo er stehen geblieben ist, auf und führen ihn so weiter, als lebte der Verstorbene noch. An dem Prozesse selbst ändert sich durch den Tod eines der Parteien gar nichts. In allen diesen Fällen führt der Verstorbene seine rechtliche Existenz weiter.

Daß man im Todesfalle das Vermögen eines Verstorbenen erben kann, ist allgemein bekannt. Weniger bekannt dürfte es sein, daß jeder, der eine Erbschaft antritt, zugleich auch die Schulden des Erblassers übernimmt und dafür haften muß. Die Haftbarkeit richtet sich nach dem Erbteil. Hat er alles geerbt, so muß er für sämtliche Schulden des Erblassers aufkommen, hat er die Hälfte geerbt, so zahlt er die Hälfte aller Schulden; hat er ein Achtel geerbt, zahlt er ein Achtel der Schulden usw. Hiernach hat sich der Gläubiger des Verstorbenen zu richten und danach seine Forderung gegen jeden einzelnen Erben zu bemessen. Setzen wir den Fall, von den Erben hat A die Hälfte des Vermögens geerbt, B und C je ein Viertel, so muß der Gläubiger, wenn er 1000 Rubel zu verlangen hat, diese Summe teilen und von A 500 Rubel, von B und C je 250 Rubel verlangen, denn jeder einzelne Erbe ist je nach der Größe seines Erbteils immer nur ein Teil von der Person des Erblassers, die ganze Person des Erblassers repräsentieren nur alle Erben zusammen. Ein Erbe kann allein die Person des Erblassers nur dann repräsentieren, wenn er zugleich der einzige ist. Man nennt ihn dann gewöhnlich einen Universalerben. Der Erbe ist für alle Schulden des Erblassers ohne Ausnahme verantwortlich. Ist das geerbte Vermögen zur Bezahlung der Schulden nicht ausreichend, so muß der Erbe die Schulden aus seinem eigenen Vermögen bezahlen. Es kann also im Leben sehr wohl der Fall eintreten, daß jemand 1000 Rubel erbt und dann später, wenn sich herausstellt, daß der Erblasser viele Schulden hatte, nicht nur diese 1000 Rubel zurückzahlen muß, sondern obendrein noch etwa 1000 und mehr Rubel aus seinem eigenen Vermögen zuzahlen muß. In diesem Falle ist die Erbschaft ein rechtes Danaergeschenk, und der Erbe gerät in eine sehr bedauernswerte Lage. Hat er von den Schulden des Erblassers gewußt, so muß er sich allerdings die Folgen seiner Handlung selbst zuschreiben, denn in diesem Falle hätte er die Erbschaft nicht annehmen müssen. In vielen Fällen kennt aber der Erbe die Schuldenlast des Erblassers gar nicht, weil sich die Gläubiger nicht melden, und weil der Erblasser selbst zu Lebzeiten von seinen Schulden aus verschiedenen Gründen nie geredet hat. In diesem Fall tritt er ahnungslos eine Erbschaft an, und wenn er nachher von den Schulden des Erblassers erfährt, ist es zu spät, denn eine einmal angetretene Erbschaft läßt sich auf keine Weise mehr zurücknehmen. Es hilft nichts, wenn der Erbe sich bereit erklärt, sein ganzes Erbteil zurückzuzahlen und den Gläubigern zu überlassen, wenn er darauf hinweist, daß er von den Schulden des Erblassers nichts gewußt hat und auch nichts wissen konnte, weil die Gläubiger vor und bei der Annahme der Erbschaft sich gar nicht meldeten, er muß je nach seinem Erbteil den betreffenden Teil aller Schulden des Verstorbenen bezahlen, auch wenn er dabei ruiniert wird, auch wenn das Erbteil in gar keinem Verhältnis zu der Summe der Schulden steht. Dieses Gesetz führt in der Praxis zu großen Härten und ist als sehr ungerecht und falsch zu bezeichnen. Daß der Erbe für die Schulden des Erblassers verantwortlich ist, dieses Prinzip ist allgemein anerkannt und ist im Wesen der Erbschaft begründet. Dabei müssen aber die Interessen des Erben viel mehr gewahrt werden, als das nach russischem Gesetz geschieht. Nach deutschem Recht gibt es für diesen Fall ein sogenanntes „Aufgebotsverfahren". Die Gläubiger des Verstorbenen, die „Nachlaßgläubiger", werden aufgefordert, vor Annahme der Erbschaft durch den Erben sich in einer bestimmten Frist zu melden. Übersteigt dann die Schuldenlast das Erbteil, so nimmt der Erbe die Erbschaft nicht an. Ist die Schuldenlast geringer wie das Erbteil, so nimmt er das Erbteil nach Berichtigung aller Schulden an. Melden sich später, nach dem Aufgebotsverfahren noch Gläubiger, so muß der Erbe zwar diese auch bezahlen, kann aber sicher sein, daß er nie mehr zu zahlen haben wird, als er geerbt hat, und der ganz unnatürliche Fall, daß jemand unbegrenzt für Schulden haftet, von denen er nichts wußte, ist damit unmöglich gemacht. In Wirklichkeit ist es sehr schwer zu erfahren, wieviel Schulden ein Verstorbener gehabt hat. Mit einiger Sicherheit läßt sich das nur bei Kaufleuten bestimmen, aber auch bei diesen nur dann, wenn sie eine regelrechte Buchführung gehabt haben. In Rußland führen die meisten Kaufleute überhaupt keine Bücher, und es ist daher unmöglich, zu bestimmen, wieviel Schulden sie gehabt haben. Der Erbe befindet sich daher sehr oft in einer außerordentlich schwierigen Lage. Ist der Erbe minderjährig, so muß sein Vormund für ihn die Entscheidung treffen, ob die Erbschaft angenommen werden darf oder nicht. Er hat dabei mit der größten Vorsicht zu verfahren; nimmt er leichtsinnig eine mit Schulden belastete Erbschaft an, so kann er für die Folgen persönlich verantwortlich gemacht werden.

2. Gesetzliche Erbfolge.

Ist schon aus den angegebenen Gründen das russische Erbschaftsgesetz sehr reformbedürftig, so ist es noch viel falscher und ungerechter in den Fragen der Erbfolge. Das Prinzip ist hier, daß die Männer fast alles, die Frauen nur sehr wenig erben. Dieses Prinzip, das in unser modernes Leben absolut nicht hineinpaßt, kann nur historisch begriffen werden. Die Grundlage dieser ganzen Erbfolge bildet nämlich nicht die Familie in dem Sinne, in dem wir dieses Wort heute verstehen, sondern der Stamm, das heißt alle Personen, die von einem und demselben Stammvater abstammen. Zu einem Stamm gehörten aber in früherer Zeit immer nur Männer und nicht Frauen. Die Frauen innerhalb eines Stammes hatten die Bestimmung, zu heiraten. Heirateten sie, so gingen sie damit aus ihrem Stamm heraus und in einen anderen Stamm über. Sie waren also für den Stamm selbst ganz wertlos. Umgekehrt wurde jede Frau, die ein Mann heiratete, dadurch in den Stamm des Mannes aufgenommen. Blieb eine Frau ehelos, so mußten die Männer als Vertreter des Stammes ihr die Mittel zur Existenz verschaffen, sie mußten sie alimentieren, aber auch in diesem Falle war die Frau für den Stamm ganz wertlos; sie war nur ein geduldetes, notwendiges Übel, und die Vertreter des Stammes waren immer nur Männer, die das Bestreben hatten, die Frau so billig wie nur möglich abzufinden und die Einkünfte des Stammesvermögens für sich zu behalten. Diese Einrichtung liegt der russischen Erbfolge zugrunde, und nur von diesem Gesichtspunkt aus kann man sie verstehen. Heute gibt es keine Stämme mehr, aber die Erbfolge nach Stämmen ist trotzdem geblieben. Hier gilt das Wort des Mephistopheles: „Es erben sich Gesetz und Rechte wie eine ew'ge Krankheit fort, sie schleppen von Geschlecht sich zu Geschlechte und rücken sacht von Ort zu Ort. Vernunft wird Unsinn, Wohltat Plage." Es gab eine Zeit, wo die Erbfolge nach Stämmen vernünftig war. Heute ist sie unsinnig.

Bei Betrachtung der Erbfolge ist zu unterscheiden Erbfolge in absteigender Linie, in der Seitenlinie und aufsteigender Linie und das Erbrecht des überlebenden Ehegatten.

Die zunächst erbberechtigte Linie ist immer die absteigende Linie, die Deszendenz. Die nächsten Erben sind daher die Kinder des Erblassers. Dieses Erbrecht des Kindes steht aber in engster Verbindung mit dem Erbrecht des überlebenden Gatten. Der Gatte, sei es der Witwer oder die Witwe, erbt ein Viertel vom beweglichen und $1/7$ vom unbeweglichen Eigentum des Verstorbenen. Unter unbeweglichem Eigentum sind zu verstehen Land und Häuser, unter beweglichem alles übrige, also etwa Geld, Wertpapiere, Möbel usw. Zu erklären sind diese Ziffern nur historisch. Das Viertel des beweglichen Eigentums stammt noch aus dem römischen Recht. Hier galt der Satz, daß die Witwe und die Kinder zu gleichen Teilen erben. Dabei wurde vorausgesetzt, daß die normale Kinderzahl drei ist, und sonach erhielt die Witwe ein Viertel. Das Siebentel des unbeweglichen Eigentums stammt aus der mittelalterlichen Feudalzeit. Damals erhielt die Frau noch zu Lebzeiten des Mannes etwa 15 Prozent von den Einkünften des unbeweglichen Gutes ihres Mannes, und das ist ungefähr ein Siebentel. Alle diese Bestimmungen bezogen sich ursprünglich nur auf die Frau; der Mann erhielt nach dem Tode seiner Frau gar nichts. Nach römischem Recht galt es sogar als eines Mannes unwürdig, sich aus dem Nachlaß der Frau irgendwie zu bereichern. Diese Ansicht änderte sich aber bald, und der Anteil der Witwe ging allmählich auf den Witwer über. Nach russischem Recht hat der überlebende Gatte sogar gewisse Rechte auf das Vermögen seines Schwiegervaters. Stirbt zuerst der Mann und darauf der Vater des Mannes, so hat die Witwe einen Anteil an dem Erbteil des Mannes, welcher dem Manne zufiele, wenn er beim Tode seines Vaters noch lebte, wenn er der Erbe seines Vaters wäre. Von diesem Erbteil erhält die Witwe dann $^1/_4$ des beweglichen, $^1/_7$ des unbeweglichen Eigentums. Das Eigentum des Schwiegervaters geht also in einem Teil direkt auf sie über. Stirbt der Mann und hinterläßt gar kein unbewegliches, sondern nur bewegliches Eigentum, so hat die Witwe das Recht auf $^1/_7$ von dem unbeweglichen Eigentum des Schwiegervaters, das der Mann als Erbteil erhalten würde, wenn er im Moment seines Todes der Erbe seines Vaters würde. In diesem Falle geht ein Teil von dem Vermögen des Schwiegervaters noch zu seinen Lebzeiten auf die Schwiegertochter über. Dasselbe Recht, das die Witwe in bezug auf das Eigentum des Schwiegervaters hat, hat auch der Mann in bezug auf das Eigentum seines Schwiegervaters, des Vaters seiner Frau. In diesen Fällen erhält der überlebende Gatte einen Teil von dem Vermögen seines Schwiegervaters. Dieses Gesetz ist sehr sonderbar und widerspricht allen Begriffen der Erbfolge, denn der Schwiegervater ist mit seinem Schwiegersohn oder seiner Schwiegertochter nicht verwandt, sondern verschwägert, und Verschwägerung gibt kein Recht auf Erbschaft. Der Sinn dieses Gesetzes ist der, daß der Schwiegervater sein Schwiegerkind unterstützen muß in dem Falle, wenn der Gatte dieses infolge zu frühen Todesfalls nicht konnte. Darum ist der Anteil an dem Vermögen des Schwiegervaters auch nicht als ein Erbteil anzusehen, sondern als ein besonderes Recht auf Unterstützung, ein Anteil besonderer Art, der dem Schwiegerkinde gewährt wird. Man muß dabei im Auge behalten, daß auch der Anteil des überlebenden Gatten an dem Vermögen des verstorbenen Gatten im russischen Gesetze nicht „Erbteil", sondern nur „Anteil" (указная часть) genannt wird, womit das Gesetz betonen will, daß die Frau gar nicht Erbin ist. Denn „Erbe" im wahren Sinne dieses Wortes kann nach den Prinzipien der Stammesverwandtschaft, die der russischen Erbfolge zugrunde liegen, überhaupt nur der Mann als Vertreter des Stammes, nicht aber die Frau sein. Diese erhält wohl einen „Anteil" aus dem Stammesvermögen, da sie ja doch existieren muß, ist aber nicht Erbin. Und da dieser „Anteil" an die Prinzipien der Erbfolge nicht gebunden ist, so ist es möglich, daß jemand nach dem Tode seines Gatten einen Teil von dem Vermögen des Schwiegervaters noch zu Lebzeiten des Schwiegervaters erhält. Dieses kann man aber schon deshalb nicht als Erbschaft ansehen, weil jede Erbschaft voraussetzt, daß der Erblasser gestorben ist. Einen Lebenden zu beerben ist unmöglich. Freilich in der Praxis unterscheidet sich dieser „Anteil" von einem „Erbteil" nicht, und darum hat der ganze Streit um die Frage, was als „Anteil" und was als „Erbteil" anzusehen ist, wohl einen wissenschaftlichen, nicht aber einen praktischen Wert. In der Praxis sind die Fälle, daß jemand von Todes wegen Ansprüche auf das Vermögen seiner Schwiegereltern macht, sehr selten, aber sie kommen doch vor. Für Mohammedaner, die viele Frauen haben können, gilt das Gesetz, daß die Frauen alle zusammen, wenn der Mann Kinder hinterläßt, ein Achtel sowohl vom beweglichen wie vom unbeweglichen Eigentum erben; hinterläßt er keine Kinder, so erben alle Frauen zusammen ein Viertel vom ganzen Eigentum des Mannes. Dieses Gesetz gilt nur für Mohammedaner und kann daher auf andere Religionen, in denen Vielweiberei erlaubt ist, nicht ausgedehnt werden. In diesem Falle wird man annehmen müssen, daß die Erbfolge nach dem allgemeinen Gesetz geregelt wird, daß alle Frauen zusammen immer ein Viertel des beweglichen, $1/7$ des unbeweglichen Eigentums erben, denn es muß gesagt werden, daß unsere Erbschaftsgesetze mit Ausnahme einiger weniger besonders darin erwähnter Fälle keinen Unterschied zwischen den Religionen machen und sich daher auf alle Religionen, sowohl christliche wie nichtchristliche, beziehen.

Im Todesfalle erhält also der überlebende Gatte $1/4$ des beweglichen, $1/7$ des unbeweglichen Eigentums. Mehr kann er in keinem Falle erhalten. Sind keine anderen Erben da, so erbt das übrige der Staat. Sind aber andere Erben da, so erben diese das übrige, also $3/4$ vom beweglichen, $6/7$ vom unbeweglichen Eigentum. Diese anderen Erben sind zunächst die Kinder. Und hier sehen wir wiederum einen großen Unterschied zwischen Töchtern und Söhnen. Jede Tochter erhält von dem ganzen Nachlaß $1/8$ des beweglichen, und $1/14$ des unbeweglichen Eigentums, also genau die Hälfte von dem Anteil der Mutter. Dieses ist auch nur historisch zu erklären. In der allerältesten Zeit hatte die Tochter überhaupt kein Erbrecht, da sie nicht zum Stamme gehörte, sondern der Bruder, der als Stammhalter das Vermögen der Eltern erbte, mußte seinerseits die Tochter unterstützen. Die Tochter war also ganz und gar auf den Bruder angewiesen. Erst in späterer Zeit erhielt die Tochter das Recht auf einen gewissen Teil des Vermögens ihrer Eltern, und der Bruder hatte dann der Schwester gegenüber keine Pflichten mehr. Somit wird nach dem Tode eines der Gatten aus dem ganzen Nachlaß ausgeschieden vom beweglichen Vermögen $1/4$ für den überlebenden Gatten und $1/8$ für jede Tochter, aus dem unbeweglichen $1/7$ für den überlebenden Gatten und $1/14$ für jede Tochter. Den übrigen Teil erben die Söhne zu gleichen Teilen. In den meisten Fällen ist danach der Teil der Söhne größer, manchmal auch viel größer, als der der Tochter. Ist nur eine Tochter da, so erben die Söhne alle zusammen $5/8$ vom beweglichen und $11/14$ vom unbeweglichen

Eigentum. Sind zwei Töchter da, erben sie die Hälfte vom beweglichen und $^5/_7$ vom unbeweglichen Eigentum, vorausgesetzt natürlich, daß der Witwer oder die Witwe noch lebt. Sind aber der Töchter mehrere, so kann es nach dieser Berechnung passieren, daß der Teil der Söhne geringer wird wie der der Töchter. Dieses läßt aber das Gesetz in keinem Falle zu und bestimmt, daß in diesem Falle nach Ausscheidung des Anteils für den überlebenden Gatten alle Kinder gleich erben. Das Erbteil der Söhne darf also im äußersten Falle ebenso groß sein, wie das der Töchter, es darf aber niemals kleiner sein, denn die Tochter, die nach den Prinzipien der Stammesfolge nur ein geduldetes, eigentlich unnützes Wesen ist, soll nie mehr erhalten wie der Bruder. Das russische Erbgesetz wird also nur dann gerecht, wenn es gilt, die Interessen der Söhne in der Erbfolge zu wahren. Die Interessen der Tochter gibt es ohne weiteres preis. Ist eins von den Kindern gestorben, so haben seine Nachkommen das Recht der Repräsentation, das heißt sie erben dann den Teil des Vermögens, der auf den Verstorbenen entfallen wäre, wenn er zur Zeit des Erbfalles gelebt hätte. Ist zur Zeit des Erbfalles der Sohn des Erblassers schon gestorben und hat ein Kind, den Enkel des Erblassers hinterlassen, so erbt der Enkel den Teil, der dem Sohne zukäme, wenn er noch lebte. Sind zwei Enkel da, so erben beide Enkel den Teil ihres Vaters zu gleichen Teilen. Ist ein Enkel und eine Enkelin da, so erbt die Enkelin $^1/_8$ vom beweglichen und $^1/_{14}$ vom unbeweglichen Teil des Vermögens, das dem Sohne zufiele, wenn er noch lebte. Den anderen Teil erbt der Enkel. Denn es muß betont werden, daß der Unterschied zwischen Söhnen und Töchtern nicht bloß für die Kinder des Erblassers gilt, sondern für alle Abkömmlinge, für alle Verwandten in absteigender Linie, ganz gleich ob sie Söhne, Enkel oder Urenkel des Erblassers sind, und ob sie dabei den Erblasser direkt beerben oder durch Repräsentation. Direkt erben können überhaupt nur die Kinder, alle andern, Enkel, Urenkel usw., erben durch Repräsentation, ihnen fällt der Teil zu, der ihrem Vater oder Großvater zufiele, wenn er lebte. Hierbei schließt der nächste Verwandtschaftsgrad immer den nachfolgenden aus. Lebt der Sohn, so sind alle Enkel und Urenkel von der Erbfolge ganz ausgeschlossen. Ist der Sohn gestorben, so werden die Enkel zur Erbschaft berufen, schließen aber alle Urenkel aus usw.

Sind keine Kinder, auch keine Nachkommen der Kinder, und überhaupt keine Verwandten in absteigender Linie da, so werden die Verwandten der Seitenlinie zur Erbschaft berufen. Diese sind zunächst die Brüder und Schwestern des Erblassers. Hier gelten in bezug auf den Unterschied zwischen Männern und Frauen dieselben Prinzipien, nur sind sie noch viel strenger durchgeführt. Hat die Tochter nach dem Tode ihrer Eltern doch wenigstens einen Anteil, wenn auch nur einen sehr bescheidenen, so erbt die Schwester, wenn Brüder vorhanden sind, in der Seitenlinie gar nichts, weder vom beweglichen, noch vom unbeweglichen Eigentum des Bruders. Alles erben die Brüder. Sind gar keine Brüder da, sondern nur Schwestern, so erben die Schwestern das ganze Vermögen des Bruders. Ist aber nur ein einziger Bruder vorhanden, so können die Schwestern nichts erben. Dieses Gesetz, das als Gipfel der Ungerechtigkeit anzusehen ist, beruht darauf, daß zu der Zeit, da die Erbschaft noch nach der Stammesfolge ging, die Schwestern nach ihren Brüdern nichts erben konnten. Der Bruder war verpflichtet, der Schwester, so lange sie unverheiratet war, den Lebensunterhalt zu gewähren. Blieb sie ehelos, so mußte er sie ihr ganzes Leben lang unterstützen. Und damals war die Verpflichtung tatsächlich eine unbedingte; der Bruder konnte sich ihr nicht entziehen, zumal die Schwester auch immer mit dem Bruder zusammenlebte. Heute ist das alles anders geworden. Die Schwester erbt nach ihrem Bruder nichts, und eine Unterhaltspflicht des Bruders gegen die Schwester besteht nicht mehr. Die Schwester ist also in diesem Falle ganz hilflos. Das Gesetz spricht von einer Unterhaltspflicht nur zwischen Eheleuten, Eltern und Kindern, aber nicht zwischen Geschwistern. Die Pflicht, seine Schwester zu unterstützen ist heute eine moralische, nicht eine rechtliche. Die Schwester ist also auf die Gnade ihres Bruders angewiesen. In Wirklichkeit teilen auch die meisten Brüder ihr

Erbteil mit ihren Schwestern zu gleichen Teilen. Aber das hängt nur von ihrem guten Willen ab; gezwungen können sie dazu nie werden. Bei der Erbschaft in der Seitenlinie schließt die nächste Linie jede weitere aus. Die nächsten Erben sind also immer die Brüder und ihre Nachkommenschaft nach Repräsentationsrecht. Sind weder Brüder noch deren Nachkommenschaft vorhanden, so erben die Schwestern und ihre Nachkommenschaft nach Repräsentationsrecht. Sind auch diese nicht vorhanden, so wird die nächste Seitenlinie zur Erbschaft berufen, das sind die Onkel, die Brüder des Vaters und ihre Nachkommenschaft, sind solche nicht da, so erben die Tanten, die Schwestern des Vaters, aber nur wenn keine Onkel da sind, denn hier gilt wieder der Satz, daß bei Erbschaft in der Seitenlinie die Schwester neben ihrem Bruder keine Erbin ist. Ist auch die zweite Seitenlinie ausgestorben, so geht die Erbschaft in die dritte Seitenlinie; das wären die Großonkel und Großtanten, die Geschwister des Großvaters väterlicherseits usw. immer mit derselben Beschränkung, daß die Schwester nichts erben kann, solange ein Bruder vorhanden ist. Es ist klar, daß in den Fällen, wo die Schwester nichts erben kann, auch ihre Nachkommen dieses nicht können, denn wenn die Schwester kein Erbrecht hat, so können die Nachkommen sie nicht repräsentieren, ganz gleich, ob diese Nachkommen Männer oder Frauen sind. Hinterläßt also ein verstorbener Bruder einen Bruder und mehrere Kinder seiner Schwester, Neffen und Nichten, so erbt alles der Bruder, die Neffen und Nichten dagegen nichts, da ihre Mutter, die Schwester des Erblassers, kein Erbrecht hatte. Auch bei Repräsentanten gilt in der Seitenlinie der Satz, daß der Bruder oder die Nachkommenschaft des Bruders, die Schwester und deren Nachkommenschaft von der Erbschaft ausschließt. Bleiben also nach dem Tode eines Bruders die Kinder des anderen Bruders, ein Neffe und eine Nichte, so erbt der Neffe alles, die Nichte nichts. Denn trotzdem der Neffe und die Nichte in diesem Falle den verstorbenen Bruder repräsentieren, sind sie doch beide Erben in der Seitenlinie, und darum gilt auch für sie das Grundgesetz für alle Erben in der Seitenlinie. Bleibt nach dem Tode eines Bruders der Sohn der Schwester und die

Tochter des anderen Bruders, so erbt die Tochter dieses anderen Bruders alles, der Sohn der Schwester nichts. In diesem Falle schließt also die Cousine ihren Cousin von der Erbschaft aus, weil die Cousine den Bruder und der Cousin die Schwester repräsentiert. Ist kein Bruder da, so wird die Schwester volle Erbin, und in diesem Falle haben ihre Nachkommen das Repräsentationsrecht. Zu bemerken ist, daß das Eigentum des verstorbenen Erblassers in der Seitenlinie immer in den Stamm des Vaters, nicht in den der Mutter übergeht. Setzen wir den Fall, jemand hinterläßt nur einen Onkel mütterlicherseits, den Bruder seiner Mutter, so kann dieser Onkel niemals etwas erben. Sind keine anderen Verwandten da, so tritt der Staat die Erbschaft an. Allerdings, wenn es sich um ein Stammgut handelt, das heißt um ein unbewegliches Eigentum, das der Erblasser selbst durch Erbschaft erhalten hat, so kann ein solches Stammgut sowohl zum Stamme des Vaters wie zum Stamme der Mutter übergehen, je nachdem aus welchem Stamme der Erblasser dieses Gut erhalten hat.

Was nun die Rechte der Eltern auf das Vermögen ihrer verstorbenen Kinder anbetrifft, so existieren für diesen Fall ganz besondere Gesetze. Zunächst gelten die Eltern niemals als Erben ihrer Kinder und werden vom Gesetz auch nie „Erben" genannt. Ein Recht auf das Vermögen der Kinder haben die Eltern nur, wenn diese Kinder selbst kinderlos gestorben sind. Ob dabei noch Brüder und Schwestern oder Verwandte in der Seitenlinie vorhanden sind, ist gleichgültig. Das Vermögen, welches die Kinder selbst erworben haben, erhalten die Eltern zur Nutznießung, das heißt sie erhalten alle Prozente, Erträge und Früchte dieses Vermögens lebenslänglich, sie dürfen aber dieses Vermögen weder verkaufen, noch versetzen, noch auf irgendeine Weise veräußern. Ist also das Vermögen in einer Bank, so zahlt ihnen die Bank nur die Prozente, liefert ihnen aber das Kapital selbst in keinem Falle aus. Ist das Vermögen der Kinder aber nicht von ihnen selbst erworben, sondern ihnen von den Eltern geschenkt, so kann jeder der Eltern das von ihm geschenkte Vermögen nach dem Tode der Kinder zurückverlangen. Das Vermögen wird ihnen dann zurückerstattet und ausgezahlt, aber, wie das Gesetz ausdrücklich bemerkt, „nicht als Erbschaft, sondern als Geschenk". Sie erhalten das von ihnen Geschenkte zurück, in diesem Falle aber nicht zur Nutznießung, sondern als volles Eigentum, und können damit verfahren wie ihnen beliebt. Da nach dem Gesetz die Eltern niemals die Erben ihrer Kinder sind, so sind sie für die Schulden ihrer Kinder nur in der Summe verantwortlich, die sie tatsächlich von den Kindern bekommen haben. Ihre Haftung für die Schulden ist keine unbeschränkte, wie die der anderen Erben.

Sind gar keine Erben vorhanden, weder in absteigender noch aufsteigender Linie, noch auch in der Seitenlinie, so wird das Vermögen des Erblassers Eigentum der Staatskasse. Das Vermögen ist in diesem Falle herrenlos, und alles, was herrenlos ist, gehört dem Staate. Es kann auch vorkommen, daß das Vermögen nur teilweise der Staatskasse zufällt, wenn z. B. der Verstorbene eine Witwe und sonst gar keine Erben hinterläßt. In diesem Falle erhält die Witwe immer nur $1/4$ des beweglichen und $1/7$ des unbeweglichen Eigentums, das übrige erhält die Staatskasse. Denn da die Witwe keine Erbin ist, sondern nur einen „Anteil" hat, so kann sie niemals Universalerbin werden. Dieses wäre nur nach Testament möglich.

3. Testament.

Da die Gesetze über Erbfolge in Rußland so sehr veraltet und ungerecht sind, so ist es gerade in Rußland jedem zu empfehlen, sein Vermögen testamentarisch zu vermachen. Jeder, der in Deutschland lebt, kann sicher sein, daß nach seinem Tode die Erbfolge den Prinzipien der Gerechtigkeit und Billigkeit entsprechen wird. Nicht so in Rußland. Hier muß jeder, der wünscht, daß nach seinem Tode die Angehörigen gerecht und billig bedacht werden, ein Testament machen und selbst die Erbfolge bestimmen. „Das Testament", sagt das Gesetz „ist die gesetzliche Willenserklärung des Besitzers über sein Eigentum für den Todesfall." Ein Testament muß immer schriftlich errichtet werden. Mündliche Vermächtnisse sind ungültig. Über den Text des Testamentes ist im Gesetze gar keine Vorschrift enthalten.

Jeder kann diesen Text so verfassen, wie ihm beliebt. Die Erben müssen ganz genau bezeichnet werden. Das Eigentum des Erblassers wird gewöhnlich nur durch einen Bruch bezeichnet; man vermacht $^1/_2$, $^1/_4$, $^1/_{10}$ seines Vermögens. Freilich, wenn einzelne Gegenstände, also etwa Möbelstücke vermacht werden, müssen sie einzeln bezeichnet werden. Das Testament kann zu Hause ohne Notar errichtet werden und heißt dann ein „häusliches". Wird es beim Notar errichtet, ist es ein „notarielles". Ein Testament errichten kann immer nur eine einzelne Person. Gegenseitige Testamente sind verboten. So ist z. B. ein Testament, in dem die Gatten sich gegenseitig ihr Eigentum vermachen, ungültig. Für häusliche Testamente gelten folgende Regeln. Der Erblasser kann das Testament selbst schreiben oder es von einer anderen Person schreiben lassen. In jedem Falle muß er es unterschreiben, am besten immer mit Vornamen, Vatersnamen und Familiennamen. Das Testament muß immer auf einen ganzen Bogen geschrieben werden, das heißt auf einem Papier, das aus zwei Hälften besteht. Testamente, die auf einem abgerissenen Bogen oder auf einem Fetzen Papier geschrieben werden, sind ungültig. Ist der Text des Testamentes nicht vom Erblasser selbst, sondern von einer andern Person geschrieben, so muß diese unbedingt ihre Unterschrift auch unter das Testament setzen. Außerdem wird noch verlangt die Unterschrift von drei Zeugen, wenn das Testament von einer andern Person geschrieben ist, und von zwei Zeugen, wenn der Erblasser das Testament selbst geschrieben hat. Unterschreibt sich der Taufvater des Erblassers als Zeuge, so gilt seine Unterschrift für zwei, und dann sind im erstgenannten Falle nur zwei, im andern Falle nur ein Zeuge nötig. Die Zeugen haben nur einen Zweck. Sie müssen bescheinigen, daß das betreffende Testament tatsächlich von dem Erblasser verfaßt ist, daß sie dabei den Erblasser gesehen und gesprochen haben und bescheinigen können, daß er geistig normal und bei voller Besinnung war, denn nur das Testament geistig normaler Menschen ist gültig. Was den Inhalt und die Form des Testaments anbetrifft, so sind dafür die Zeugen gar nicht verantwortlich. Ob dieses Testament gut oder schlecht geschrieben, ob es gerecht oder ungerecht ist, ob darin Personen, gegen die der Erblasser sittliche Verpflichtungen hat, übergangen worden sind oder nicht, das kann dem Zeugen gleichgültig sein, weil er nur die Persönlichkeit des Erblassers und seinen normalen Geisteszustand bescheinigt, nichts weiter. Es wird dabei nicht verlangt, daß der Zeuge bei der Errichtung des Testaments zugegen ist; es genügt, wenn ihm der Erblasser das schon fertige Testament vorlegt oder überhaupt ihn persönlich bittet, das Testament zu unterschreiben. Es ist aber nicht genügend, wenn das Testament dem Zeugen nicht vom Erblasser, sondern von einer anderen Person vorgelegt wird, und der Zeuge das Testament unterschreibt, ohne den Erblasser dabei selbst zu sehen und zu sprechen, denn auf diese Weise kann er sich von dem normalen Geisteszustand des Erblassers nicht überzeugen. Der Erblasser muß seinen Willen, das Testament zu errichten, immer dem Zeugen gegenüber selbst äußern. Ein Brief des Erblassers mit der Bitte, das Testament zu unterschreiben, wäre in diesem Falle auch nicht genügend. Der Zeuge bescheinigt nicht bloß, daß der Erblasser überhaupt ein normaler Mensch ist, sondern daß er in dem Moment, da er ihn bat, das Testament zu unterschreiben, vollkommen bei Besinnung war, und daher muß er ihn in diesem Moment sehen und sprechen und kann sich nicht mit dem Hinweis darauf begnügen, daß er den Erblasser überhaupt gut kennt und von seinem normalen Geisteszustand überzeugt ist. Zeuge bei einem Testament kann niemals sein, wer in diesem Testament selbst auf irgendeine Weise bedacht wird. Denn der Zeuge soll vollkommen parteilos sein. Der in dem Testament Bedachte ist nie ganz parteilos, da das Testament ihm persönlich erwünscht ist. Sind in dem Testament nur die nächsten Erben bedacht, also etwa die Frau und Kinder des Erblassers, so können auch die Verwandten der eingesetzten Erben Zeugen sein. Werden aber im Testament nicht oder nicht bloß die nächsten Erben, sondern auch Personen bedacht, die dem Erblasser ferner stehen, so dürfen Verwandte dieser Personen bis zum vierten Grade und Verschwägerte bis zum dritten Grade nicht Zeugen sein. Die im Testament genannten Testamentsvollstrecker und Vormünder dürfen gleichfalls nicht Zeugen sein. Ist der Erblasser ein Analphabet oder ist er durch Krankheit, z. B. durch eine Lähmung der Hände, verhindert, das Testament zu unterschreiben, so kann für ihn eine andere Person das Testament unterschreiben. Diese Person muß aber bei der Unterschrift ganz genau angeben, daß sie das Testament auf ausdrücklichen Wunsch des Erblassers unterschreibt und aus welchem Grunde, deshalb, weil der Erblasser nicht zu schreiben versteht oder weil er krank ist. Diese Krankheit darf aber keine Geisteskrankheit sein, denn dann wäre das Testament ungültig. Der Zeuge kann sich mit seinem bloßen Namen unterschreiben. Für gewöhnlich aber schreibt der Zeuge: „daß dieses Testament vom Erblasser selbst verfaßt, und daß er dabei in normalem Geisteszustande und bei voller Besinnung war, bescheinigt“ (Unterschrift.) Der Abschreiber schreibt „dieses Testament hat nach den Worten des Erblassers geschrieben“ (Unterschrift). Von demjenigen, der sich statt des Erblassers unterschreibt, werden genau dieselben Eigenschaften wie von einem Zeugen verlangt. Die Funktionen des Abschreibers, desjenigen, der für den Erblasser zeichnet, und der Zeugen müssen immer getrennt und dürfen nie in einer Person vereinigt werden. Das Testament kann in jeder Sprache verfaßt werden. Am praktischsten ist es freilich, wenn man es russisch schreibt. Alle die angegebenen Formalitäten sind sehr wichtig. Vergeht man sich gegen eine von ihnen, so ist das ganze Testament ungültig, und dieser Fehler kann später auf keine Weise wieder gut gemacht werden; kein gerichtlicher Prozeß hilft dann mehr. Viele Testamente werden ungültig erklärt, weil zu wenig Zeugen dabei waren. Es braucht nur ein Zeuge zu fehlen, und das ganze Testament ist ungültig. Ferner wird die Unterschrift des Abschreibers sehr häufig vergessen. Dieser Fehler kann allerdings dadurch gut gemacht werden, daß der Abschreiber später nach dem Tode des Erblassers im Gericht die schriftliche Erklärung abgibt, daß das Testament von ihm unterschrieben ist. Das häusliche Testament kann jeder bei sich selbst aufbewahren, es einer anderen Person oder einem Notar zur Aufbewahrung geben. Die angegebenen Formalitäten bilden das Wesen des ganzen Testaments. Jeder, der ein Testament errichtet, muß sie peinlich genau befolgen, und jeder Fehler rächt sich schwer. Über den Inhalt des Testaments braucht er sich nicht viel Kopfzerbrechen zu machen. Die Gerichte bestätigen auch Testamente mit fehlerhaftem, widerspruchsvollem, ja sogar unsinnigem Inhalt, wenn nur alle Formalitäten dabei beobachtet sind. Die Gerichte kritisieren den Inhalt des Testaments gar nicht, aber sie versagen ihre Bestätigung sofort, sobald eine der genannten Formalitäten nicht erfüllt ist. In dieser Hinsicht sind sie unerbittlich, auch wenn das Testament sonst in Form und Inhalt noch so vollkommen wäre.

Was nun das notarielle Testament anbetrifft, so wird ein solches vom Erblasser immer in Gegenwart des Notars errichtet. Die Regeln sind dieselben wie für häusliche Testamente. Nur sind in diesem Fall immer drei Zeugen notwendig, während bei häuslichen Testamenten, die von dem Erblasser selbst geschrieben sind, zwei Zeugen genügen. Beim Notar hat es der Erblasser leichter. Er kann die Sorge um Beobachtung aller Formalitäten dem Notar überlassen, denn dieser übernimmt voll und ganz die Verantwortung für die formelle Richtigkeit des Testaments. Das Testament bleibt in den Büchern des Notars; der Erblasser selbst erhält nur eine Kopie des Testaments, die später in den Gerichten ebensoviel gilt wie das Testament selbst. Der Notar übernimmt also zugleich die Aufbewahrung des Testaments und haftet dafür. Aus diesen Gründen ist die Errichtung eines Testamentes beim Notar jedem zu empfehlen. Doch ist dieses eine Geldfrage, denn ein häusliches Testament kostet nichts, ein Testament beim Notar dagegen, je nachdem ob es kompliziert oder einfach, lang oder kurz ist, kostet etwa 50—300 Rubel. Rechtlich sind beide Testamente gleichwertig. Ein häusliches Testament ist vor Gericht ebenso gültig wie ein notarielles.

In einem Testament kann jeder sein Vermögen entweder als Eigentum oder zur Nutznießung vermachen. Wird das Vermögen zur Nutznießung vermacht, so muß genau angegeben werden, an wen es nach dem Tode des Nutznießers übergehen soll. Z. B. der Vater kann sein Vermögen seinen Kindern vermachen mit der Bedingung, daß die Witwe, solange sie lebt, die Nutznießung des Vermögens hat. In diesem Falle gehört das Vermögen den Kindern, sie sind die Erben; die Einkünfte des Vermögens aber erhält die Mutter, und die Kinder haben, solange sie lebt, gar nichts davon. Die Bank, in der Kapital niedergelegt ist, zahlt der Mutter jährlich alle Prozente aus, gibt aber das Kapital in keinem Falle heraus. Dieses erhalten die Kinder erst nach dem Tode der Mutter. Ist das Vermögen unbeweglich, z. B. ein Haus, so hat die Witwe alle Einkünfte des Hauses, sie kann die ganze Miete einziehen, sie darf aber das Haus weder verkaufen noch versetzen noch sonstwie veräußern. Der Erblasser kann auch ein sogenanntes „Legat" einsetzen. In diesem Falle verpflichtet er den Erben, aus seinem Erbteil einer dritten Person, dem Legatar, eine gewisse Summe auszuzahlen. Der Legatar ist also ein indirekter Erbe. Er muß sich mit seinen Ansprüchen nicht an den Erblasser und nicht an die Erbmasse, sondern an den Erben persönlich wenden und von ihm die Auszahlung des Legats verlangen. In Wirklichkeit sind sowohl die Nutznießung wie das Legat unpraktisch. Im praktischen Leben geben sie Anlaß zu Unzufriedenheit, Mißgunst und allerhand Zank unter den Erben und sind daher nicht zu empfehlen. Viel richtiger ist es, das Vermögen in verschiedene Teile zu teilen und jedem Erben sein Teil als volles Eigentum zu vermachen.

Jeder Erblasser kann ein einmal errichtetes Testament umändern und abändern. Ein häusliches Testament wird einfach dadurch ungültig gemacht, daß man es vernichtet. Ein notarielles Testament kann nur durch eine vor dem Notar abgegebene Erklärung ungültig gemacht werden. In einem einmal errichteten Testament darf nichts mehr geändert werden, aber der Erblasser hat stets das Recht, das einmal errichtete Testament auf die angegebene Art und Weise für ungültig zu erklären und ein neues zu errichten und kann so seine testamentarischen Verfügungen im Verlaufe seines Lebens viele Male ändern.

Ungültig sind nach russischem Gesetze die Testamente von Selbstmördern. Diese Bestimmung erklärt sich dadurch, daß dem

Testamente nach russischem Gesetz ein religiöser Charakter anhaftet. Der Selbstmörder, der durch seine Tat nach den Ansichten der Kirche die ewige Seligkeit und die göttliche Gnade verscherzt, soll kein Recht auf ein Vermächtnis für den Todesfall haben. Dieses kann jedoch nur dann gelten, wenn der Selbstmörder bei Begehung seiner Tat normal war. War er geistig gestört, so bleibt das Testament gültig, denn in diesem Falle trifft ihn auch nach den Satzungen der Kirche keine Verantwortung. Im Streitfalle muß das Gericht bestimmen, ob der Erblasser bei Begehung seiner Tat normal war oder nicht, und dieses gibt dann Anlaß zu einem langwierigen Prozeß, denn in Wirklichkeit ist es außerordentlich schwer zu sagen, ob ein Selbstmörder im Momente, da er seine Tat beging, bei voller Besinnung war oder nicht. Einige Aufklärung können hier nur Zeugen geben, die den Selbstmörder gut kannten. Die Gerichte sind aber im allgemeinen sehr geneigt, hier einen unnormalen Geisteszustand zu konstatieren und das Testament dadurch zu retten, denn die Bestimmung, daß das Testament eines Selbstmörders ungültig sein soll, hat keinen Sinn. Diese rein religiöse Ansicht paßt nicht zu unseren modernen Anschauungen und ist jedenfalls in Fragen des bürgerlichen Rechts gar nicht am Platze.

Alle unsere Gesetze über Testamente haben einen Grundfehler. Es fehlt eine Bestimmung über Pflichtteile. Bei uns kann jeder sein Eigentum vermachen, wem er will. Es kann z. B. der Fall eintreten, daß jemand sein ganzes Vermögen einer fremden Person vermacht und dann eine Witwe und viele Kinder vollkommen mittellos hinterläßt. Solche Fälle sind empörend, aber es ist dabei gar nichts zu machen. Wenn bei Errichtung des Testaments alle Formalitäten erfüllt sind, so ist es gültig, wenn es auch noch so ungerecht ist, wenn auch der Erblasser dabei seine sittlichen Pflichten gegen seine Familie oder ihm Nahestehende aufs gröbste verletzt hat. Es gibt hier überhaupt nur einen Ausweg, nämlich den Beweis zu erbringen, daß der Erblasser zur Zeit der Errichtung des Testaments geisteskrank oder nicht bei voller Besinnung war. Es entsteht dann ein sehr unerquicklicher, sich sehr lange hinziehender Prozeß, in welchem die gesetzlichen Erben, die durch das Testament übergangen wurden, den Beweis versuchen, daß der Erblasser nicht bei voller Besinnung war und bei Errichtung des Testaments nicht recht wußte, was er tat. Es handelt sich dabei keineswegs bloß um Geisteskrankheit, die selten vorkommt und auch gewöhnlich leicht zu beweisen ist. Viel komplizierter und schwerer zu entscheiden ist der Fall, wenn der Erblasser schon alt war und sich bei ihm Zeichen oder wenigstens Spuren von Altersschwäche bemerkbar machten. In diesem Falle ist manchmal ein Detail, eine Nuance von entscheidender Bedeutung. Ein sehr alter Mensch ist fast nie ganz normal, und wenn das Testament wirklich sehr ungerecht ist, so sind auch die Gerichte im allgemeinen geneigt, Geistesschwäche, Mangel an voller Besinnung oder die Unfähigkeit zu klarem, logischem und vernünftigem Denken zu konstatieren und infolgedessen das Testament für ungültig zu erklären. Bietet sich überhaupt einiges Material für einen Schluß auf die Unzurechnungsfähigkeit des Erblassers, so ist ja ein ungerechtes Testament, das allen ethischen und sittlichen Anschauungen widerspricht, an und für sich auch ein Beleg für die Unzurechnungsfähigkeit. Erkennt das Gericht an, daß der Erblasser, da er sein Testament errichtete, unzurechnungsfähig war, so erklärt es das Testament für ungültig, und die Erbfolge tritt dann nach Gesetz ein. Ist das Testament kein häusliches, sondern ein notarielles, so kann es zwar auch aus denselben Gründen für ungültig erklärt werden; aber in diesem Falle ist derselbe Beweis sehr schwer zu führen und hat nur höchst selten Aussicht auf Erfolg, denn der Notar bescheinigt kraft seines Amtes, daß der Erblasser bei voller Besinnung ist, und wer eine solche Bescheinigung anstreiten will, hat es sehr schwer. Erklärt das Gericht in diesem Falle das Testament für ungültig, so müßte es zugleich den Notar eines Vergehens im Amte beschuldigen, denn dann hätte der Notar etwas bescheinigt, was nicht der Fall war, und das wäre doch nur in den seltensten Fällen möglich. Ist daher ein Erblasser altersschwach, oder liegt überhaupt irgendein Grund vor, an seiner vollen Besinnung zu zweifeln, so tut er sehr wohl, sein Testament immer beim Notar zu errichten. Ist er durch

Krankheit verhindert, zum Notar zu gehen, so kommt der Notar zu ihm in die Wohnung und errichtet hier das Testament in seiner Gegenwart. Danach wäre dann das mögliche getan zum Schutze des Erblassers gegen Einwände in bezug auf seinen Geisteszustand.

Das Prinzip, daß jeder, der ein Testament errichtet, dabei ganz bestimmte Pflichten gegen seine Familie hat und diese nicht umgehen darf, ist in den meisten Staaten Westeuropas anerkannt. Nach dem Bürgerlichen Gesetzbuch für das Deutsche Reich können der überlebende Gatte, die Kinder und Abkömmlinge des Erblassers, in manchen Fällen auch die Eltern, einen sogenannten „Pflichtteil" beanspruchen. Dieser Pflichtteil ist die Hälfte des gesetzlichen Erbteils. Danach hätte also der überlebende Ehegatte in Deutschland $^{1}/_{8}$, die Kinder alle zusammen $^{3}/_{8}$ vom Vermögen des Erblassers zu beanspruchen, wenn sie im Testament übergangen sind. Mit diesem Anspruch müssen sie sich an die testamentarischen Erben wenden. Diese müssen ihnen aus ihrem Erbteil den betreffenden Teil auszahlen. Den übrigen Teil des Vermögens kann der Erblasser vermachen, wem er will. Der Erblasser kann dem Gatten den Pflichtteil entziehen, wenn der Gatte sich einer Verfehlung schuldig macht, die nach dem Gesetz als Scheidungsgrund angesehen werden kann; den Kindern kann er ihn entziehen, wenn diese sich einer Mißhandlung oder eines Verbrechens gegen ihn schuldig machen, oder wenn sie wider den Willen des Erblassers einen ehrlosen oder unsittlichen Lebenswandel führen. In allen übrigen Fällen sind Frau, Kinder und Abkömmlinge pflichtteilsberechtigt.

Der Mangel eines Pflichtteils nach russischem Gesetz wird einigermaßen gutgemacht durch die Bestimmungen über das sogenannte „Stammgut". Dieses Stammgut ist etwas sehr Merkwürdiges und besteht nur noch im russischen Rechte, da dieses an der Erbfolge nach Stämmen festhält. Als Stammgut kann zunächst nur unbewegliches Eigentum, also Land und Häuser, angesehen werden. Geld, Wertpapiere, Möbel und überhaupt bewegliche Sachen sind niemals Stammgut. Aber auch Land und Häuser sind nur dann ein Stammgut, wenn der Erblasser selbst sie nach gesetzlicher Erbfolge geerbt hat, also z. B. wenn er sie von seinem Vater geerbt hat. In diesem Falle kann er ein Testament nur in bezug auf sein bewegliches Eigentum errichten und es vermachen, wem er will; über das Stammgut dagegen darf er keine testamentarischen Verfügungen treffen, und die Erbfolge in bezug auf dieses Gut kann nur die gesetzliche sein. Hat der Erblasser keine Kinder, so kann er das Stammgut einer Person aus diesem Stamm vermachen, also einem Verwandten, niemals aber einem Fremden. Dem überlebenden Gatten muß er in jedem Falle $1/7$ des Stammguts zur Nutznießung während des ganzen Lebens überlassen. Somit ist der Besitzer eines Stammguts in der Tat in seinem Rechte testamentarischer Verfügung sehr beschränkt. In der Praxis hat diese Vorschrift des Gesetzes wenig Bedeutung. Allerdings darf der Besitzer eines Stammguts dieses keinem Fremden vermachen, aber er kann es bei Lebzeiten verkaufen, zu Gelde machen und sodann dieses Geld vermachen, wem er will, denn Geld ist niemals Stammgut. Das testamentarische Verfügungsrecht über das Stammgut ist beschränkt, der Verkauf zu Lebzeiten dagegen ganz unbeschränkt. Wenn daher durch die Bestimmungen über Stammgut der Ungerechtigkeit der Erblasser vorgebeugt werden soll, so wird dieser Zweck nicht erreicht, und dadurch können die Bestimmungen der westeuropäischen Staaten über Pflichtteile und Noterben nicht ersetzt werden. Man muß dabei bedenken, und das ist schließlich die Hauptsache, daß die allermeisten Menschen überhaupt keine Stammgüter besitzen, und daher kann die Vorschrift über Stammgüter jedenfalls nur sehr geringe praktische Bedeutung haben. Die Einführung eines Pflichtteils in Rußland ist daher dringend erforderlich. Macht ein russischer Bürger im Auslande ein Testament, so kann er es nach den Gesetzen des Landes machen, in dem er sich aufhält. Hat er aber ein Stammgut, so ist er in jedem Falle an die russische Erbfolge gebunden und darf in bezug auf dieses Gut vom russischen Gesetz nicht abweichen. Legt er das Testament einem russischen Konsul im Auslande vor, so übernimmt dieser Konsul die Funktion eines Notars, und ein beim russischen Konsul vorgewiesenes Testament ist dann einem in Rußland verfaßten notariellen gleichzuachten. Errichtet er das Testament im Auslande ohne Konsul, so ist es in Rußland einem häuslichen Testamente gleichzuachten.

4. Gerichtliche Bestätigung der Erben.

Ein Erbfall, die Möglichkeit, zu erben, tritt ein: erstens, wenn der Erblasser stirbt, zweitens, wenn der Erblasser infolge eines von ihm begangenen Verbrechens alle bürgerlichen Rechte verliert. Ein solcher Verbrecher gilt in rechtlichem Sinne als gestorben, es ist das ein sogenannter „bürgerlicher Tod", und die Erben können dann die Erbschaft antreten, als wäre er gestorben. Dieser Fall ist aber selten, zumal, wenn man bedenkt, daß die allermeisten schweren Verbrecher nichts besitzen und auch nichts hinterlassen können. Der normale Erbfall ist dabei der Tod des Erblassers. Stirbt jemand, so macht die Polizei sogleich dem örtlichen Friedensrichter von dem Tode Anzeige, und dieser sendet dann möglichst schnell, wenn möglich noch an demselben Tage, einen Gerichtsvollzieher in die Wohnung des Verstorbenen, um dort das ganze hinterlassene Vermögen aufnehmen und mit Beschlag belegen zu lassen. Diese Beschlagnahme ist notwendig, wenn nicht alle Erben gegenwärtig sind, oder wenn einer oder mehrere der Erben minderjährig, d. h. weniger als 21 Jahre alt sind. Sind alle Erben zugegen und zugleich volljährig, so ist eine Beschlagnahme durch den Gerichtsvollzieher nicht notwendig, denn dann können die Erben das Vermögen selbst vor Entwendung, Veruntreuung oder sonstiger Schädigung schützen. In Wirklichkeit vergeht von dem Moment des Todes, des Erbfalls, bis zu dem Moment, da die Erben die Erbschaft antreten und Eigentümer des geerbten Vermögens werden, eine unbestimmt lange Zeit, die in der Regel einige Monate umfaßt, und während dieser ganzen Zeit ist das hinterlassene Vermögen, die Erbschaftsmasse, herrenlos, denn der Besitzer ist gestorben, und die Erben haben die Erbschaft noch nicht angetreten. Man nennt daher die Erbschaft während dieser Zeitperiode nach dem Ausdruck des römischen Rechts eine „liegende Erbschaft" (hereditas jacens), und eine solche Erbschaft bedarf des besonderen Schutzes durch die Gerichte und der Behörden, falls nicht alle Erben zugegen sind und ihre Rechte selbst wahren können. Der Gerichtsvollzieher macht in diesem Falle ein genaues Verzeichnis aller hinterlassenen Sachen, verzeichnet Geld, Wertpapiere, Möbel usw. und übergibt sodann die ganze Erbschaftsmasse einem anwesenden Erben oder, falls ein solcher nicht zugegen, irgendeiner vertrauenswürdigen Person zur Aufbewahrung. Die Sachen dürfen, solange die Erbschaft eine „liegende" ist, nicht benutzt werden und werden vom Gerichtsvollzieher den Erben erst dann übergeben, wenn diese ihm eine gerichtliche Bescheinigung ihrer Erbrechte vorstellen. Hat der Erblasser ein Handelsunternehmen hinterlassen, so ist eine derartige Beschlagnahme nicht gut möglich, denn wenn man in diesem Falle Waren und ähnliche Sachen mit Beschlag belegt, so wird der weitere Handel dadurch gelähmt oder gar unmöglich gemacht. Wollen daher die Erben in diesem Falle eine Beschlagnahme verhüten, so müssen sie, oder wenigstens einer von ihnen, im Verlaufe von drei Tagen nach dem Tode des Erblassers, dem Kommerzgericht oder, wo ein solches nicht existiert, dem Bezirksgericht den Todesfall mitteilen. Das Gericht überzeugt sich in diesem Falle, daß in dem Handelsunternehmen des Erblassers die Handlungsbücher in Ordnung sind, daß das Unternehmen nicht bankrott ist, und erteilt sodann dem Prokuristen des Unternehmens oder einem Kommis die Erlaubnis, das Handlungsunternehmen ungestört weiter zu führen unter verantwortlicher Aufsicht eines der volljährigen Erben. Versäumen aber die Erben die oben angegebene Frist, drei Tage, so wird das ganze Vermögen, auch die Waren, vom Gerichtsvollzieher mit Beschlag belegt, und die Erben erleiden dann einen großen Schaden. Hinterläßt der Erblasser eine Fabrik, so darf diese ungestört weitergeführt werden unter verantwortlicher Aufsicht derjenigen Person, die die Leitung der Fabrik zu Lebzeiten des Erblassers innehatte.

Die weitere Prozedur richtet sich zunächst danach, ob die Erben nach Testament oder nach Gesetz erben. Erben sie nach Gesetz, so erläßt der Friedensrichter auf Kosten der Erben eine dreimalige Publikation in der Senatszeitung, in welcher sämtliche Personen, die Erbschaftsrechte haben oder der Meinung sind, solche zu haben, aufgefordert werden, ihre Forderungen und Ansprüche dem Bezirksgericht mitzuteilen, und zwar im Verlaufe von sechs Monaten, gerechnet vom Tage der letzten Publikation in der Senatszeitung. Die Erben müssen sich während dieser Zeit anmelden und ihre Verwandtschaft mit dem Erblasser durch Tauf- und Geburtsscheine, Trauscheine und ähnliche Dokumente beweisen. Das Gericht prüft alle diese Dokumente, und wenn danach die Verwandtschaft mit dem Erblasser bewiesen ist, so bestätigt es den oder die Erben gemäß der schon besprochenen gesetzlichen Erbfolge. Sodann wird ihnen das Vermögen des Erblassers ausgeliefert, und sie werden die Eigentümer dieses Vermögens. Versäumt ein Erbe die angegebene Frist, sechs Monate, so verliert er dadurch seine Erbrechte nicht, sondern behält sie im Verlaufe von zehn Jahren, gerechnet vom Tode des Erblassers. Er ist aber dann gegen die Erben, die sich rechtzeitig angemeldet haben, sehr im Nachteil. Denn diese Erben erhalten das Vermögen schon nach sechs Monaten, können es verkaufen, veräußern, verschwenden, und wenn dann der verspätete Erbe seine Ansprüche gegen sie geltend macht, so ist es sehr möglich, daß das Vermögen nicht mehr da ist, und der verspätete Erbe hat dann das Nachsehen. Die Erben, die das Vermögen erhalten haben, haften zwar vor ihm persönlich, aber es ist sehr möglich, daß sie selbst überhaupt nichts mehr besitzen, und dann hat ihre persönliche Haftbarkeit keinen praktischen Wert. Die Senatszeitung, in welcher die Publikationen über Erbfälle gedruckt werden, liest in Wirklichkeit niemand. Sie wird nur an die Behörden und Gouvernementskanzleien versandt. Der Erbe muß daher selbst hinterher sein, sich rechtzeitig anmelden und darf in keinem Falle auf besondere Anzeigen warten. Ist der Erbe minderjährig, so hat sein Vormund die nötigen Anmeldungen im Gericht zu machen und ist für das Versäumen eines Termins vor seinem Mündel verantwortlich. Im allgemeinen kann nur der Erbe sein, der zur Zeit des Erbfalles, also im Momente, da der Erblasser starb, bereits lebte. Wer nach dem Erbfalle geboren ist, kann kein Erbe sein. Hier gilt jedoch eine Ausnahme. Stirbt ein Vater, so sind seine Erben nicht nur die schon geborenen Kinder, sondern auch die noch nicht geborenen, aber zu Lebzeiten erzeugten Kinder. In diesem Falle kann allerdings der Erbe erst mehrere Monate nach dem Erbfall geboren werden.

Tritt ein Erbfall ein, so kann der Erbberechtigte die Erbschaft annehmen oder darauf verzichten. Dieses hängt in erster Linie davon ab, wieviel Schulden der Erblasser hinterlassen hat, ob danach eine Annahme vorteilhaft ist oder nicht. Beschließt der Erbberechtigte, die Erbschaft anzunehmen, so kann er dieses, wenn er ein gesetzlicher Erbe ist, ohne weiteres tun und bedarf dabei keiner weiteren Bestätigung durch das Gericht. Notwendig ist eine solche Bestätigung aber auch für den gesetzlichen Erben in zwei Fällen: erstens, wenn eine Beschlagnahme des hinterlassenen Vermögens, der Erbschaftsmasse, durch den Gerichtsvollzieher stattgefunden hat. Dieser liefert dem Erben die beschlagnahmten Sachen nur gegen Vorweis einer gerichtlichen Bescheinigung aus. Ferner ist die Bestätigung durch das Gericht nötig, wenn das Vermögen in der Reichsbank oder überhaupt in irgend einer Bank deponiert ist. Alle Banken dürfen laut ihren Statuten Geld, Wertpapiere oder überhaupt in der Bank deponierte Sachen dem Erben nur ausliefern, wenn sein Erbrecht gerichtlich bestätigt ist. Da nun die meisten Vermögen in Banken deponiert sind, so folgt hieraus, daß eine Bestätigung durch das Gericht in den meisten Fällen notwendig ist. Ist der Erbe kein gesetzlicher, sondern ein Testamentserbe, so muß das Testament in jedem Falle vom Gericht bestätigt werden, und zwar muß es dem Gericht im Verlaufe von einem Jahre vom Tode des Erblassers vorgelegt werden. Nur wenn die Erben im Auslande leben, wird diese Frist bis auf zwei Jahre verlängert. Versäumt jemand diesen Termin, so ist das Testament ganz ungültig, und es tritt dann gesetzliche Erbfolge ein, es müßte denn sein, daß der Erbe beweist, daß ihm das Testament ganz unbekannt war, oder daß irgendein anderer wichtiger Grund zu dieser Versäumnis vorlag. In diesem Falle erhält er das Recht, im Verlaufe von zehn Jahren um die Bestätigung des Testaments nachzusuchen. Das Gericht prüft das Testament nun auf seine äußere Form hin, ob die nötigen Zeugen, Unterschriften usw. vorhanden sind, und ob der Erblasser überhaupt berechtigt war, sein Vermögen testamentarisch zu vermachen. Ist z. B. aus dem Testamente zu ersehen, daß jemand eine Verfügung über sein Stammgut getroffen hat, so verweigert das Gericht die Bestätigung dieser Verfügung, erkennt aber die übrigen Verfügungen, die sich nicht auf Stammgut beziehen, als vollgültig an. Es kann also der Fall eintreten, daß ein Testament vom Gericht teilweise bestätigt wird und teilweise für ungültig erklärt wird. Ist das Testament ein häusliches, so verhört das Gericht die Zeugen, die sich auf dem Testament unterschrieben haben, und legt ihnen die Frage vor, ob sie dem Erblasser zur Zeit, da er seine Verfügungen traf, gesehen und geistig normal befunden haben. Nur wenn die Zeugen dieses bejahen, kann das Testament vom Gericht bestätigt werden. Sind aber die Zeugen gestorben oder verschollen und nicht aufzufinden, so bestätigt das Gericht das Testament auch ohne weiteres Zeugenverhör. Erhebt ein gesetzlicher Erbe Streit gegen das Testament und bestreitet seine Gültigkeit, sei es, weil der Erblasser im Moment, da er seine Verfügungen traf, nicht normal war, sei es aus irgendwelchen anderen Gründen, so kann die Bestätigung des Testaments erst erfolgen, wenn dieser Streit endgültig entschieden ist. Dieser Streit kann aber in Wirklichkeit jahrelang dauern, und diese ganze Zeit über müssen die testamentarischen Erben warten und können den Besitz des ihnen vermachten Vermögens nicht antreten. Ist während dieser Zeit eine Verwaltung des Vermögens nötig, um es vor Schaden zu bewahren, so wird dazu ein besonderer Vormund bestellt.

Sowohl der gesetzliche, wie der testamentarische Erbe kann die Erbschaft ablehnen. Der gesetzliche Erbe tut dieses, indem er sich im Gericht nicht anmeldet und sich nicht bestätigen läßt. Er darf aber in diesem Falle von dem Vermögen des Erblassers nichts an sich nehmen und nichts benutzen. Tut er dieses, so gilt die Erbschaft in jedem Falle als angenommen, und er haftet dann für die Schulden des Erblassers entsprechend seinem Erbteil, auch wenn er vom Gericht gar nicht bestätigt ist. Die Annahme ist unwiderruflich. Es hilft dem Erben nichts, wenn er die einmal angenommenen Sachen wieder zurückgibt. Der testamentarische Erbe muß seinen Verzicht auf die Erbschaft noch vor der Bestätigung des Testaments anmelden. Ist das Testament einmal bestätigt, so gilt die Erbschaft für alle testamentarischen Erben als angenommen, und es tritt volle Verantwortung für die Schulden des Erblassers ein, auch wenn der Erbe in Wirklichkeit sich noch gar nichts angeeignet hat.

Sowohl bei Bestätigung eines Testaments wie bei gesetzlicher Erbschaft verlangt das Gericht von den Erben ein genaues Verzeichnis der ganzen Erbschaftsmasse. Bewegliche wie unbewegliche Sachen, Geld, Wertpapiere, Grund und Boden, Häuser usw. müssen ganz genau verzeichnet und abgeschätzt werden. Hiernach bemißt das Gesetz die Erbschaftssteuer, denn der Erbe muß stets einen Teil von dem Werte seiner Erbschaft dem Staate als Steuer entrichten. Diese Erbschaftssteuer beträgt bei uns für Vermögen, die Gatten untereinander, Verwandte in direkter absteigender und aufsteigender Linie, adoptierte Kinder und die Ehegatten der Kinder erben, 1½ % vom Werte des geerbten Vermögens; für Vermögen, die Stiefsöhne und Stieftöchter, Brüder und Schwestern, die Kinder verstorbener Brüder und Schwestern erben, 6 %; für Vermögen, die in der Seitenlinie Verwandte dritten und vierten Grades erben, 9 % und für Vermögen, die noch fernere Verwandte oder Fremde erben, 12 %. Die Erbschaftssteuer ist also um so größer, je entfernter der Grad der Verwandtschaft ist. Wer daher sein Vermögen einem entfernten Verwandten oder einem Fremden vermacht, der muß sich darüber klar werden, daß ein großer Teil der Erbschaft, 12 %, dem Staate zufällt und für den Erben verloren geht. Von der Erbschaftssteuer ganz ausgeschlossen sind in jedem Falle Vermögen, deren Wert weniger als 1000 Rubel beträgt, sodann Wohnungseinrichtungen, also in erster Linie Möbel, wenn diese Sachen nur als Wohnungseinrichtung und nicht zum Handel und Erwerb dienen, und endlich Vermögen, die dem Staate, Wohltätigkeitsanstalten, gelehrten Gesellschaften und Instituten, Schulen und Lehranstalten, Kirchen, Klöstern und Kirchengemeinden vermacht werden. Es liegt hier also der Wunsch vor, nur Vermögen zu besteuern, die dem Erben einen bestimmten Gewinn bringen, und andererseits der Wohltätigkeit keine Schranken zu setzen. Erbt jemand ein Vermögen nur zur Nutznießung, so hat er die Hälfte der erwähnten Steuer zu entrichten. Ruht auf der Erbschaft eine Schuldenlast, so wird sie von dem Wert des Vermögens abgezogen, und das Vermögen wird nur besteuert, soweit es schuldenfrei ist. Es kann also vorkommen, daß von einem Vermögen nur ein kleiner Teil versteuert wird. Solange die Erbschaftssteuer nicht voll bezahlt ist, wird das Vermögen den Erben nicht ausgeliefert. In Wirklichkeit geschieht die Bezahlung meist auf die Weise, daß die Banken, in denen das Geld liegt, den Teil des Vermögens, der zur Bezahlung der Erbschaftssteuer dient, zurückbehalten, den übrigen ausliefern.

Sind mehrere Erben da, so müssen sie die Erbschaftsmasse unter sich teilen. Besteht die Erbschaft in Geld und Geldeswerten, so ist diese Teilung sehr einfach. Weit schwieriger ist sie, wenn die Erbschaft in anderen Sachen, also etwa in Möbeln, besteht. Einigen sich hier die Erben nicht, so kann auf Bitte der Erben das Gericht die Teilung der Erbschaft übernehmen. Dieser Prozeß ist aber langwierig und mühsam, und es ist den Erben dringend anzuraten, sich zu einigen, sei es auch mit Opfern, und eine Teilung durch das Gericht zu vermeiden. Eine unteilbare Sache, z. B. ein kostbares Bild, kann das Gericht ebensowenig teilen wie die Erben. Das Gericht könnte diese Sache immer nur einem Erben überlassen und diesen einen verpflichten, den übrigen bestimmte Summen auszuzahlen, die dem Anteil der übrigen Erben an dieser Sache entsprächen. Zu diesem Zweck müßte natürlich die Sache zuvor genau abgeschätzt werden. Dasselbe könnten aber die Erben auch ohne Gericht tun, und eine Einigung ist immer besser wie gerichtliche Teilung. Im allgemeinen tut der Erblasser gut, wenn er in einem Testamente unteilbare Sachen nur einem und nicht vielen vermacht. So wird er seine Wohnungseinrichtung in den meisten Fällen wohl nur einem Erben vermachen, obwohl auch hier eine Teilung wohl möglich ist, z. B. wenn er einem Erben die Einrichtung eines

Zimmers, dem andern die eines andern Zimmers, dem dritten seine Bibliothek, dem vierten seine Bilder usw. vermacht.

Errichtet jemand ein Testament, so ernennt er häufig zu diesem Zwecke einen oder mehrere Testamentsvollstrecker, die den im Testamente dargelegten Willen des Erblassers auszuführen haben. Der Testamentsvollstrecker kann in diesem Falle auch die Teilung der Erbschaft übernehmen oder zum mindesten bei Fragen der Erbschaftsteilung seinen Einfluß geltend machen. Was der Testamentsvollstrecker zu tun hat, das ist immer nach den im Testament dargelegten Verfügungen zu bestimmen, und es lassen sich darüber keine allgemeingültigen Regeln aufstellen, zumal unser Gesetz den Testamentsvollstrecker wohl erwähnt, aber die Frage über die Art seiner Tätigkeit offen läßt. Der Testamentsvollstrecker kann die Erbschaftsmasse verwalten, solange die Erben ihren Besitz noch nicht angetreten haben; er kann die Ausgaben bestreiten, die eine solche Verwaltung erfordert. Ist das Vermögen einer Person zur Nutznießung einer anderen als Eigentum vermacht, so kann diese Verwaltung viele Jahre dauern, vorausgesetzt natürlich, daß alle diese Rechte ihm im Testament ausdrücklich überlassen werden. In manchen Fällen wird die Erbschaftsmasse, sowohl Kapitalien wie andere Sachen, dem Testamentsvollstrecker direkt ausgeliefert, z. B. wenn er die Masse verteilen oder auch behufs leichterer Verteilung verkaufen oder zu Gelde machen muß. Zum Testamentsvollstrecker kann jede beliebige Person ernannt werden. Gewöhnlich ernennt der Erblasser dazu einen nahen Freund oder Bekannten. In den meisten Fällen, wenn die Verfügungen des Erblassers nicht kompliziert sind, ist ein Testamentsvollstrecker überflüssig. Die Erben können dann die Erbschaft selbst antreten.

Nun noch ein Wort über die Erbschaftsrechte adoptierter und unehelicher Kinder. Der Adoptierte besitzt ein Erbrecht nur nach seinen Adoptiveltern, nicht aber nach den Verwandten seiner Adoptiveltern. Die Kinder und direkten Nachkommen des Adoptierten haben das Repräsentationsrecht. Außerdem behält der Adoptierte das Erbrecht nach seinen natürlichen Eltern und deren Verwandten. Das uneheliche Kind erbt nur nach seiner Mutter, und zwar nur das erworbene Gut der Mutter, nicht ihr Stammgut. Hat die Mutter eheliche und uneheliche Kinder, so erbt das uneheliche Kind zusammen mit den ehelichen. Hat aber die Mutter nur eheliche Töchter und keine ehelichen Söhne, so erben diese Töchter mit dem unehelichen Kinde immer zu gleichen Teilen. Die Vorschriften über den Anteil von $1/_7$ und $1/_{14}$ finden in diesem Falle auf die Töchter keine Anwendung.

Sachregister.

FSC
www.fsc.org
MIX
Papier | Fördert
gute Waldnutzung
FSC® C083411

Kolibri 360 GmbH
Ferdinand-Jühlke-Straße 7
99095 Erfurt, Deutschland
produktsicherheit@kolibri360.de